蒙台梭利亲子游戏300例

MENGTAISUOLI QINZI YOUXI 300LI

陶红亮 ● 主 编

吉林出版集团 吉林科学技术出版社

图书在版编目（C I P）数据

蒙台梭利亲子游戏300例 / 陶红亮主编. -- 长春 : 吉林科学技术出版社， 2012.4
ISBN 978-7-5384-5713-1

Ⅰ. ①蒙… Ⅱ. ①陶… Ⅲ. ①游戏课－学前教育－教学参考资料 Ⅳ. ①G613.7

中国版本图书馆CIP数据核字(2012)第061248号

蒙台梭利亲子游戏 300 例

主　　编　陶红亮
编　　委　郝言言　苏文涛　薛英祥　薛翠萍
　　　　　唐传汉　唐文俊　王春晓　史　霞
出 版 人　张瑛琳
责任编辑　冯　越
封面设计　欢唱图文制作室　吴风泽
制　　版　欢唱图文制作室　吴风泽
开　　本　780mm×1460mm　1/24
字　　数　150 千字
印　　张　12
印　　数　1—10000 册
版　　次　2012 年 10 月第 1 版
印　　次　2012 年 10 月第 1 次印刷

出　　版　吉林出版集团
　　　　　吉林科学技术出版社
发　　行　吉林科学技术出版社
地　　址　长春市人民大街 4646 号
邮　　编　130021
发行部电话 / 传真　0431-85677817　85635177　85651759
　　　　　　　　　85651628　85600611　85670016
储运部电话　0431-84612872
编辑部电话　0431-85635186
网　　址　www.jlstp.net
印　　刷　延边新华印刷有限公司

书　　号　ISBN 978-7-5384-5713-1
定　　价　29.90 元

前言

爱玩是宝宝的天性，事实上，宝宝从降临世界的那一天起便开始了他对周围事物的探索之旅。

蒙台梭利的教育理念认为：教育者必须信任宝宝内在的、潜在的力量，为宝宝提供一个适当的环境，让他自由活动。利用教具，如小型的家具、玻璃、陶瓷等小物件，供宝宝进行感官练习，丰富信息，为今后智力、情感、运动、社会交往等各方面能力发展打下坚实的基础。

本书独具创新，以游戏地点分章，提供多款亲子小游戏，并配以可以动手操作的游戏插图，给家长和宝宝提供切实可行的指导和素材，在每一个角落，让宝宝尽情发挥创造力，帮助宝宝在最自然的状态下从生活中获取知识、提高能力。阅读《蒙台梭利亲子游戏300例》，让每一位家长在游戏中与宝宝共享快乐，让宝宝在愉悦的氛围里滋养成长。

导读

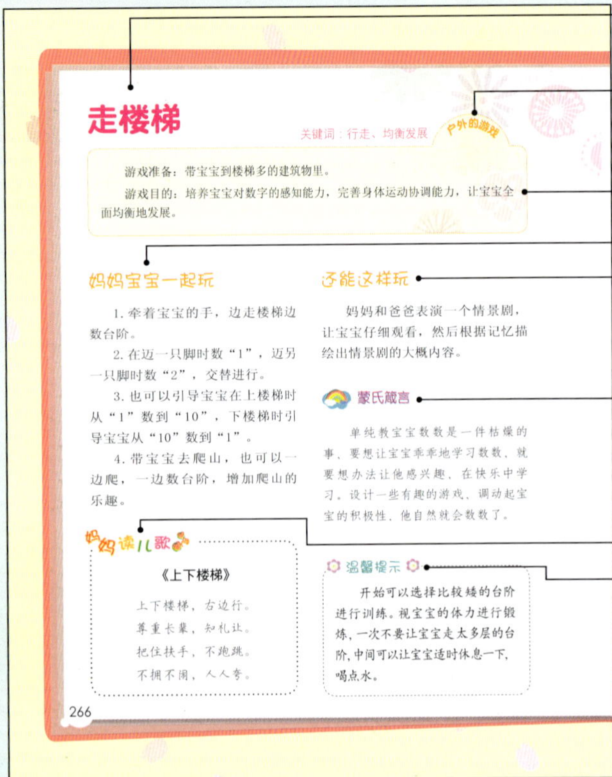

走楼梯

关键词：行走、均衡发展　户外的游戏

游戏准备：带宝宝到楼梯多的建筑物里。

游戏目的：培养宝宝对数字的感知能力，完善身体运动协调能力，让宝宝全面均衡地发展。

妈妈宝宝一起玩

1. 牵着宝宝的手，边走楼梯边数台阶。

2. 在迈一只脚时数“1”，迈另一只脚时数“2”，交替进行。

3. 也可以引导宝宝在上楼梯时从“1”数到“10”，下楼梯时引导宝宝从“10”数到“1”。

4. 带宝宝去爬山，也可以一边爬，一边数台阶，增加爬山的乐趣。

还能这样玩

妈妈和爸爸表演一个情景剧，让宝宝仔细观看，然后根据记忆描绘出情景剧的大概内容。

蒙氏箴言

单纯教宝宝数数是一件枯燥的事，要想让宝宝乖乖地学习数数，就要想办法让他感兴趣，在快乐中学习。设计一些有趣的游戏，调动起宝宝的积极性，他自然就会数数了。

妈妈读儿歌

《上下楼梯》

上下楼梯，右边行。
尊重长辈，知礼让。
把住扶手，不跑跳。
不拥不闹，人人夸。

温馨提示

开始可以选择比较矮的台阶进行训练。视宝宝的体力进行锻炼，一次不要让宝宝走太多层的台阶，中间可以让宝宝适时休息一下，喝点水。

266

游戏名称。

游戏地点。

游戏准备和游戏目的。

怎样玩有趣的亲子游戏。

1个游戏多种玩法。

育儿专家告诉你游戏的真谛。

朗朗上口的儿歌，让宝宝玩得更尽兴。

爱心提示，让宝宝在安全中玩乐。

第七章　玩在户外

认识上和下

267

游戏名称。

聪明宝宝动手练一练。

目录

第一章 玩在客厅

第二章 玩在书房

第六章 玩在浴室

第七章 玩在户外

第一章

玩在客厅

一样的小伙伴

关键词：归类、排序　客厅里的游戏

游戏准备：形状和大小相同，但颜色和花纹不同的小狗模型3～5对，草编的小狗窝一个。

游戏目的：培养宝宝敏锐的观察力，培养宝宝认真做事的好习惯。

妈妈宝宝一起玩

1. 妈妈和宝宝一同坐在地毯上，拿出草编的小狗窝放在地毯上，对宝宝说："小狗想要找到和自己长得一模一样的小伙伴做朋友，你可以帮助它吗？"妈妈可以先给宝宝做示范，从小狗窝中拿出一只小狗放在地毯上，然后再拿出一只作比较，如果相同就放在第一只小狗的下面；如果不同，便放到旁边。

2. 每取出一只就依次做比较，直到找到相同的为止。

3. 示范完后，妈妈让宝宝自己来做，观察宝宝的操作过程，如果有不当之处需加以纠正。等到全部找出来之后，让宝宝和妈妈一同将这些玩具整理好，将玩具放回原位。

蒙氏箴言

2～3岁的宝宝已经可以稳定、协调地做走、跑、跳等动作，并且对周围的事物仍然有着极大的好奇心。当宝宝在观察事物的时候，爸爸妈妈可以在旁边引导宝宝，让宝宝从观察中学到一些知识。同样，有效的观察还可以培养宝宝做事认真的习惯，这种一举多得的培养，爸爸妈妈一定不要疏忽哦！

妈妈读儿歌

《一样的小伙伴》

一只小狗狗，黑点点，白白毛，
三只小狗狗，花花色，花花毛，
找一找，哪只和它一个样，
哪只就是它的小伙伴。

找朋友

帮小动物们找到它们的好朋友吧！

摸摸看

关键词：记忆力、观察力 客厅里的游戏

游戏准备：大小、形状、厚度都相同的圆形、正方形、三角形的纸板，每个形状各一对，眼罩。

游戏目的：培养宝宝敏锐的观察力。

妈妈宝宝一起玩

1. 妈妈和宝宝坐在地毯上，将准备好的形状散放在宝宝的面前，让宝宝动手观察。

2. 给宝宝带上眼罩，并拿出一个圆形的纸板，对宝宝说："摸摸看，这是圆形。

3. 你能从面前这些图形中摸出和这个形状一模一样的图案吗？"引导宝宝找出另一个圆形。

4. 当宝宝确认是这个图形后，给宝宝摘下眼罩，让宝宝看看自己拿的是不是圆形。当游戏结束后，让宝宝与妈妈一同整理玩具。

蒙氏箴言

在日常生活中，宝宝喜欢用手去感知新鲜的事物。这个游戏不仅能开发宝宝的触觉能力，还能让宝宝通过长时间的触摸而增加耐心，让宝宝养成做事认真的好习惯。

妈妈读儿歌

《摸摸看》

摸摸看，纸片片。
四边直，是方方。
三边直，是三角。
一直滑滑，是圆圆。

分类游戏

关键词：精细动作、逻辑思维

客厅里的游戏

游戏准备：多个相同颜色的正方体、长方体、圆柱体、球体、三棱锥体，5个小桶。

游戏目的：让宝宝学会按物体的某一种属性进行分类的能力。

妈妈宝宝一起玩

1. 妈妈将准备好的东西放在地毯上，然后与宝宝一同坐在地毯上，让宝宝自己动手充分地感受这些不同的几何立体形状，并引导宝宝将这些形状分类，把相同形状的物体放在同一个小桶中。

2. 宝宝把东西分完后，妈妈检查一下宝宝分得是否正确。如果全都正确，就要及时表扬宝宝；如果出现错误，要告诉宝宝哪里出错了，让宝宝将那个分错类的东西重新分类。

3. 开始做游戏的时候，可以给宝宝3～5种不同形状的物体，之后就可以根据宝宝的能力增加游戏难度。

蒙氏箴言

分类主要是把相同或具有某一方面共同特征或属性的东西归并在一起。分类活动中宝宝要把物体一个个加以区分，再一个个归并在一起，这样，区分和归并的过程促进了宝宝对集合中元素的感知，因此可以说学前宝宝分类的过程就是感知集合的过程。

温馨提示

宝宝的观察能力是否强大，关系到宝宝做事的认真程度，只有观察得仔细，才能养成凡事都认真仔细的态度。因此，爸爸妈妈不要认为宝宝还小，即使观察得不仔细也没有关系。一定要从小培养宝宝的观察能力，这样才能让宝宝养成认真做事的好习惯。

我爱水果

关键词：记忆力、嗅觉　客厅里的游戏

游戏准备：不同的水果，如香蕉、苹果等，和与水果相应的图片，眼罩。

游戏目的：训练宝宝的嗅觉能力，让宝宝了解各种水果的不同气味，提高宝宝的记忆力。

妈妈宝宝一起玩

1. 妈妈拿出准备好的水果，让宝宝依次闻一闻这些水果的气味，并让宝宝说出这些水果的名称。

2. 然后妈妈给宝宝带上眼罩，分别拿这些水果给宝宝闻，并让宝宝说出这些水果的名称。

3. 也可以将水果放入布袋中，宝宝闻完后，将装有水果的布袋放到相应的图片上，最后打开布袋，验证结果。

蒙氏箴言

宝宝已经认识很多的东西了，只不过对一些事物的印象还不是十分的深刻，当遇到一些本来认识的事物时，总是需要爸爸妈妈的提醒才会想起来。为了让宝宝对这些物品的印象更加深刻，爸爸妈妈要通过各种方法加深宝宝对这个物品的印象。在日常生活中也需要提醒宝宝注意以前认识的一些物品，从而加深记忆。

妈妈读儿歌

《小蜜蜂》

小蜜蜂，嗡嗡嗡，飞到西，
飞到东，传花粉，采花蜜，
我们学它爱劳动。

纸板动物

关键词：图形感知、抽象思维 客厅里的游戏

游戏准备：几张质感、厚度相同的软纸，眼罩。

游戏目的：发展宝宝的触觉能力，培养宝宝做事专心、持之以恒的好习惯。

妈妈宝宝一起玩

1. 将软纸制作成动物模板，每种小动物都需要一对，并且动物的轮廓特点要突出。

2. 将这些动物模板散放在地毯上，让宝宝用手逐一触摸，感受这些动物轮廓的差别。

3. 等到宝宝感受完后，给宝宝戴上眼罩，随意给他两个动物模板，让宝宝通过触摸来做比较，并将相同的动物模板放在一起。

4. 完成配对工作后，摘下眼罩，让宝宝自己验证结果。

5. 游戏结束后，妈妈要求宝宝和自己一同整理这些物品。

蒙氏箴言

宝宝刚出生时，两手无法配合，4个月后，双手能开合自如，喜欢双手一起活动，这时应提供给宝宝双手可以操纵的玩具，供宝宝触摸、敲打，让触觉刺激双手的皮肤及关节，提高宝宝的触觉能力和协调能力。

温馨提示

为宝宝准备的图片一定要用柔软的纸张，因为宝宝皮肤娇弱，宝宝蒙上眼睛玩游戏的时候尤其容易划伤手指，所以一定不能用硬的纸张为宝宝做模板。

耳语传话

关键词：语言能力、模仿　客厅里的游戏

游戏准备：宝宝喜欢的毛绒玩具。

游戏目的：增进亲子关系，让宝宝养成认真听话的好习惯，提高宝宝的语言瞬时记忆力和理解能力。

妈妈宝宝一起玩

1. 妈妈先在宝宝的耳边说一个词，比如宝宝熟悉的“荡秋千、大高楼”等，或说一些宝宝不熟悉的“鸦片战争”等词。

2. 让宝宝把听到的词汇告诉爸爸，看看宝宝能否传对。

3. 当宝宝能够熟练掌握后，对宝宝说一些比较长的句子，也可以在句子中增加一些数字，比如“树上有3只小鸟，地上有5只小白兔”，或增加一些空间方位名词的句子，比如“桌子上面有个花瓶，桌子下面藏着一个皮球。”

4. 在传话的过程中可以让宝宝抱着他最喜欢的毛绒玩具，用玩具的口吻来说话。

蒙氏箴言

当宝宝开始学说话的时候，总是喃喃自语，家长不要阻止宝宝这种自言自语的行为，因为这是宝宝在将脑中思考的事情说出来。这个时期，爸爸妈妈应该锻炼宝宝的语言能力，让宝宝学会说更多的话，并且能够理解更多词语的意思。

温馨提示

耳语传话，不仅能够帮助宝宝提高语言能力和记忆能力，还能增进亲子间的感情，一家三口人坐在一起讲话，可以使家长和子女建立起一种自然而然的亲密气氛。父母在和宝宝讲耳语的时候一定要用轻柔、活泼的声音，切记不要用太大声伤害宝宝的耳朵，也不要用严肃的口气吓到宝宝。

小动物走路

关键词：模仿、大动作 客厅里的游戏

游戏准备：节奏轻快的音乐。

游戏目的：提高宝宝对语言交流的兴趣，激发宝宝说话的潜能。

妈妈宝宝一起玩

1. 妈妈放一首轻快的音乐，然后让宝宝配合妈妈念的童谣完成动作，比如：“小白兔，白又白，两只耳朵竖起来，走起路来真奇怪，小白兔是怎样走路的呢？”“春天来，春天到，洞里的小蛇出来啦，小蛇走路真奇怪，小蛇是怎样走路的呢？”“春天来，春天到，蝴蝶飞到小花上，宝宝也来跟着蝴蝶一起飞吧！”

2. 当妈妈念完一句后，就要和宝宝一起讨论这个小动物是怎样走路的，教宝宝模仿这个小动物走路的样子，这样，宝宝在做动作的时候，就会说“小兔子跳跳”等话来配音。

蒙氏箴言

在宝宝说话还有些不清楚时，爸爸妈妈不要学宝宝说话，一定要给宝宝创造一个良好的语言环境。与宝宝说话的时候，一定要清晰、标准，让宝宝能及早摆脱这种不清楚的说话方式。

妈妈读儿歌

《小鸭子洗澡》

小鸭子，嘎嘎叫，
走呀走，摇呀摇，
见了水，要洗澡，
扑通通，往下跳。

今天我当家

关键词：交往能力、情商

客厅里的游戏

游戏准备：杯子，水，糖果，水果。

游戏目的：培养宝宝礼貌待人的好习惯，提高宝宝的社交能力。

妈妈宝宝一起玩

1. 妈妈扮演客人，宝宝扮演小主人。

2. 客人妈妈先敲门，宝宝听到敲门声之后，把门打开，请客人进屋坐下，然后给客人倒水，请客人吃糖，吃水果。

3. 其间，妈妈要发挥宝宝的主动性，让宝宝尽情地表演。

4. 最后，客人告辞，宝宝送客人出门，并相互道别。

蒙氏箴言

美国教育学家杜威曾说："理想的家庭必须扩大，必须让宝宝接触到更多的成人与更多的同伴。"为了宝宝的社交能力能够更好、更快地发展，爸爸妈妈需要给宝宝提供各种锻炼的机会，请亲戚朋友到家中来做客，试着让宝宝去接待客人，让宝宝接触不同的人，在实践中提升社交能力。

温馨提示

宝宝还小，"当家做主"的过程中难免有疏忽或者淘气的时候，但是，要相信宝宝是想方设法要"当好家"的，只要宝宝做得好，家长就应及时鼓励宝宝："对了，宝宝真棒，就是这么做！"

绿色的物品

关键词：颜色认知、视觉 客厅里的游戏

游戏准备：绿色的物品。

游戏目的：通过游戏，提高宝宝对颜色认知能力。

妈妈宝宝一起玩

1. 妈妈让宝宝先熟悉绿色。

2. 给宝宝一些绿色的物件，如绿色的瓶盖、绿色的皮球、绿色的椅子、绿色的积木等等。告诉宝宝这些都是绿色的。

3. 把2～3个绿色的物品混合在其他颜色的物品里，引导宝宝，拿出绿色的物品。

4. 宝宝准确按照妈妈的指示拿出绿色物品时，妈妈要及时夸奖宝宝。

还能这样玩

爸爸妈妈和宝宝一起做游戏，其中一个人说："红色"，那么另外的两个人马上就要找到周围环境中的红色并用手指按住，最先找到红色的人成为下一轮游戏中发出颜色指令的人。

蒙氏箴言

色彩的敏感期一般发生在宝宝3～4岁的时候，刚开始的时候，他会非常喜欢认识各种颜色，例如，他会经常对妈妈说"小熊是棕色的"、"我的衣服是红色的"；一段时间过后，他就开始进入摸索、感知色彩的敏感期，具体表现就是开始对涂色活动很感兴趣。儿童涂色的过程是在为以后的书写做准备，通过最开始的乱涂，他以后的书写才会趋于规律。因此，父母发现宝宝进入这个敏感期时，要给宝宝认识色彩、涂抹色彩的机会。

一一对应

关键词：协调性、归类

客厅里的游戏

游戏准备：红、黄、蓝、绿四种颜色的彩纸，与这四种颜色的扣子。

游戏目的：训练宝宝手眼协调的能力，掌握一一对应的关系。

妈妈宝宝一起玩

1. 妈妈先将这四种颜色的纸依次放在宝宝面前，让宝宝说出这些纸的颜色。

2. 给宝宝准备好扣子，让宝宝按照顺序将扣子放在相同颜色纸的上方。再让宝宝把扣子从纸上依次取下来。

3. 游戏结束后，让宝宝与妈妈一起将这些物品放回原位。

蒙氏箴言

宝宝记忆的特点是记得快，忘得快，不易持久。因此，在引导宝宝识记时，一定的重复和复习是非常必要的，这不仅是提高宝宝记忆效果的重要措施，也是巩固宝宝记忆，提高宝宝记忆能力的最佳方法。

一一对应的游戏是一种综合性游戏，找出颜色对应的物品，不仅可以让宝宝巩固所学的颜色知识和技能，也可以激发宝宝的记忆兴趣，提高宝宝学习的积极性。

温馨提示

宝宝在做事情的时候缺乏规律性，所以，爸爸妈妈要有针对性地锻炼宝宝这一能力。可以让宝宝从分大小、长短开始，逐渐让宝宝形成逻辑思维，这样宝宝就会逐步有条理地去做事。在观察事物时，也就能够观察得更加全面，学到更多的知识。

纽扣连连看

将相同颜色的纽扣和纸板连在一起吧。

模仿小动物

关键词：模仿能力、观察能力

客厅里的游戏

游戏准备：动物卡片。

游戏目的：提高宝宝的模仿能力，加深对动物的理解和认知能力。

妈妈宝宝一起玩

1. 妈妈需要事先准备好的动物卡片交给宝宝，让宝宝仔细观察。

2. 在游戏开始的时候，妈妈拿出卡片给宝宝看，让他说出卡片上动物的名字，同时再模仿这个动物的动作。

小猫：长着几根胡子，在走路的时候，总是轻轻的，还喜欢用爪子洗脸。

小狗：长着一个“聪明”的鼻子，能够清楚地辨别不同的气味，也是家人忠实的伙伴，能够“看家护院”。

小鸭：小鸭的嘴是扁扁的，宝宝在模仿的时候，可以把一只手放在后面，而另一只手做鸭嘴状，走路的时候摇摇晃晃。

还能这样玩

家长还可以找来一些小动物声音的音频资料，例如鸟儿歌唱、小狗汪汪叫的声音，先放给宝宝听，教宝宝认识这些小动物的声音，再让宝宝模仿这些小动物的声音。

蒙氏箴言

在宝宝游戏的时候，可以观察一下宝宝模仿得像不像。如果像，说明宝宝具备良好的模仿能力。在行走的时候，如果达到“健步如飞”，则表明宝宝的大肌肉动作发展良好。随着宝宝年龄的增长，妈妈可以增加游戏的难度，比如，让宝宝模仿更多的动物或是将游戏的模式改成计时的方式等等。

你会模仿小动物吗

小鸭嘎嘎，
小狗汪汪，
小猫喵喵，
小鸡叽叽。

听声寻宝

关键词：听觉能力、思维

客厅里的游戏

游戏准备：杯子、玩具、水果、铅笔等家中常见的物品。

游戏目的：提高宝宝语言能力。

妈妈宝宝一起玩

1. 在黄色标记线的5米范围外放上一些物品，如杯子、玩具、水果、铅笔等。

2. 让宝宝运用语言的描述，帮助妈妈取得这些“宝物”。

3. 妈妈先原地转5个圈。宝宝说：“妈妈，你现在向右转，我说停你就停。好，现在停，向前走3步，停下。蹲下来，拿到你手边的东西”等等。

4. 通过这种方式，使宝宝和妈妈共同配合，直至取得所有“宝藏”。

蒙氏箴言

这个游戏需要宝宝结合语言描述来完成。不过也要根据宝宝的实际情况来出发，这样不仅能够增加亲子间的感情，也能够逐渐提升宝宝的语言能力。生活是3～4岁宝宝的最大的课堂，只要妈妈拥有一颗善于观察的眼睛，宝宝将来一定会充满希望。

温馨提示

和宝宝玩游戏，不宜采用单调、长时间的反复刺激，应该在宝宝情绪稳定时，采用多种有趣的方法进行，如利用讲故事、念儿歌、猜谜语、歌舞表演、搭积木、手工制作比赛等方式。这样才能使宝宝在轻松愉快的情绪下，巩固所学的知识与技能。

呼唤名字

关键词：听觉能力、人际交往　客厅里的游戏

游戏准备：无。

游戏目的：提高宝宝的社交能力。

妈妈宝宝一起玩

当宝宝能够用名字称呼自己的时候，就表示他已经具备了十分清晰的自我认知。妈妈不妨抓住宝宝的这个特点，培养宝宝的社交能力。

1. 在日常生活中，妈妈可以经常呼唤宝宝的名字，大名、小名都可以，让宝宝逐渐习惯这种称呼方式。

2. 妈妈也可以通过各种方式，引导宝宝用名字称呼自己，比如在分零食的时候说：“谁想要吃巧克力派啊？”或拿着玩具问宝宝：“你好，很高兴见到你，我叫嘟嘟，你叫什么名字啊？”这样的方式都可以引导宝宝用自己的名字做出反应。

还能这样玩

如果宝宝不能很好地用名字来称呼自己，妈妈可以站在他的前面呼唤他的名字，让宝宝感觉到名字和自己有着必然的联系。也可以用不同的声调或站在不同的位置呼唤宝宝的名字，这样可以加深宝宝和他名字之间的深刻印象。

蒙氏箴言

宝宝与父母最亲近。我们努力与家长达成共识，在家也为宝宝创设良好的交往环境，培养宝宝敢说话，爱说话的习惯和能力，帮助宝宝树立信心，敢于交往。组织家庭游戏小组，经常开展郊游、娱乐等活动。平时也应鼓励宝宝与同伴的交往，使宝宝从自己的小家庭走向一个全新的大家庭。

我是小老板

关键词：表达能力、交往技能

客厅里的游戏

游戏准备：小桌子、小椅子、玩具车、动物玩具等等。

游戏目的：通过买卖的游戏过程，提高宝宝的语言能力。

妈妈宝宝一起玩

1. 宝宝担任老板的角色，妈妈担任挑剔的顾客。

2. 妈妈顾客到宝宝老板的商店看看玩具，发现有一款很喜欢，想要买下来，但是又嫌价格太贵，就和宝宝老板做沟通。

3. 妈妈顾客说："老板，你这玩具怎么卖的啊，就那个玩具车。"宝宝老板说："这位女士，你真有眼力，这个玩具可是我们这卖得最好的，现在100元……"

4. 宝宝老板需要通过一系列的语言推销，最终让妈妈顾客买下这个玩具。

还能这样玩

1. 将水果卡片和蔬菜卡片分别贴在墙上，给宝宝一些和纸币差不多的纸片做"钱"。

2. 让宝宝来买水果、蔬菜，启发宝宝说出水果或蔬菜的名称，当宝宝念出物品的名称后取下相应卡片给宝宝，并收宝宝的"钱"。

注意选择一些宝宝常见的水果蔬菜，这样才有利于宝宝的认知。宝宝如果说不出来，大人要耐心地教宝宝说。不能不管宝宝，那会让宝宝很伤心。

蒙氏箴言

在幼儿时期，宝宝都喜欢模仿成人，妈妈不妨通过游戏和宝宝展开一场"沟通大战"，通过做游戏，宝宝不仅熟悉了日常的生活模式，同时得到了语言锻炼，使得语言能力进一步发展。

建公路

关键词：生活技能、认知 客厅里的游戏

游戏准备：小人偶，积木，塑料泡沫。

游戏目的：提高宝宝对交通的认知能力。

妈妈宝宝一起玩

1. 妈妈在宽敞的空地用积木给宝宝建立几个设施，如房子、车房、超级市场等。

2. 让宝宝在这建筑之间，修建一条公路，所需材料是积木或塑料泡沫。

3. 让宝宝向妈妈描述小人偶从一个建筑到另一建筑所走的路线应该是怎样的。

4. 当然，道路也不能一路通行，如果出现交通事故怎么办？所以妈妈应该引导宝宝设置一些红绿灯或斑马线，这样不仅可以增加宝宝的词汇量，同时也能够使游戏更有趣。

5. 在道路建成以后，妈妈可以描述一下不同的交通工具在道路上的行驶线路和行驶方向。

蒙氏箴言

进行这个游戏可以使宝宝熟悉道路交通运行，在过马路的时候，不仅会看来往的车辆，同时也可以看红绿灯再通行，所以进行这个游戏是十分必要的。

妈妈读儿歌

《开汽车》

小汽车，嘀嘀嘀，
开到东来开到西，
看到红灯停一停，
看到绿灯向前行，
看见行人按喇叭，
——嘀嘀。

听从指挥

关键词：生活技能、肢体配合

客厅里的游戏

游戏准备：无。

游戏目的：让宝宝学会运用听觉做动作，从而提高自身的日常生活能力。

妈妈宝宝一起玩

1. 妈妈先讲出游戏的规则：听指令做动作。当妈妈发出指令的时候，宝宝要服从妈妈的指令。

2. 对宝宝说："我现在饿了，去冰箱中拿出面包来。""将这个编织袋中的衣服放到洗衣机里。""今天要去姥姥家，你帮我去鞋柜中，拿一双蓝色的高跟鞋吧"等。

3. 通过上述游戏过程，让宝宝听从妈妈的指令做特定的动作。当这个游戏结束后，妈妈可以给宝宝他最喜欢的玩具，让宝宝痛快地玩一会。

4. 如果宝宝能够很好地完成妈妈的指令，妈妈要赞扬宝宝并加以奖励。

蒙氏箴言

纪律性源于自我控制的意志力，它是宝宝非压力因素中一个极为重要的组成部分。培养宝宝的纪律性，对于训练其在日常生活中的自理能力、劳动能力和在集体生活中的适应力和自控力都具有很大的意义。因此，在家庭中注意培养宝宝的纪律性就显得十分重要。父母训练宝宝的服从能力，是培养宝宝纪律性的基础。

温馨提示

在进行游戏的时候，妈妈需要给宝宝指派一些他能够完成的工作，如果命令宝宝做一些他根本不能完成或需要花费很长时间完成的任务，这样会打击宝宝的自信心。

"1"和"许多"

关键词：数学能力、学习兴趣 客厅里的游戏

游戏准备：一些玩具，一个苹果，一个布娃娃，一本故事书。

游戏目的：让宝宝认识“1”和“许多”，初步理解“1”和“许多”之间的关系，发展宝宝的数学能力。

妈妈宝宝一起玩

1. 妈妈把准备好的苹果和玩具放在桌上，请宝宝看一看哪些东西是一个？哪些东西是许多？鼓励宝宝说“1个”和“许多”。

2. 将布娃娃和故事书也放在桌上，请宝宝找一找哪些物品是“1”，比如提问：“宝宝，哪些东西是1个，指给妈妈看一看吧。”

3. 妈妈指着“许多”的玩具，对宝宝说：“这里的玩具真多，太挤了，我们帮它们挪一挪，好吗？”

4. 妈妈要让宝宝一次只能挪一个，在挪动的过程说：“一个，又一个……”

还能这样玩

1. 让宝宝参与收拾玩具，要求宝宝一边收拾物品，一边用语言表达，例如，“我收了一个娃娃。”“我收了好多玩具。”

2. 游戏时，可更换不同的物品，反复进行数次后，可根据情况请宝宝在屋内找一找，哪些东西是1个，哪些东西是许多个，如1张桌子，许多椅子，1台电冰箱，许多碗等。

蒙氏箴言

2岁以内的宝宝还不能辨别大于3的物体，不过能分辨出“1”和“许多”的概念。通过这个游戏，不仅能使宝宝学会区别1个物体和许多个物体，初步理解“1”和“许多”的意义。

雪花片

关键词：颜色认知、观察能力

客厅里的游戏

游戏准备：纸盒，几张不同颜色的雪花片，如绿色、红色、粉色、蓝色、黄色等。

游戏目的：提高宝宝的语言理解、表达能力，同时帮助宝宝建立正确的颜色概念。

妈妈宝宝一起玩

1. 让宝宝观察妈妈手里雪花片的颜色，并对宝宝说："宝宝，妈妈今天教你认识几个颜色，他们的名字分别叫绿色、红色、粉色、蓝色、黄色。"

2. 妈妈将手里的雪花片放进盒子里。

3. 宝宝随意从盒子里抽取一张雪花片，然后妈妈再对宝宝说这张雪花片的颜色，从而加深宝宝对这种颜色的印象。

蒙氏箴言

家里用完的鞋盒、饼干盒、玩具盒等都可以充当游戏中的纸盒。如果家里没有雪花片，也可以用糖果纸、广告宣传纸等剪下雪花的形状充当游戏中的雪花片，或是直接用各种颜色的画笔涂出各种颜色的图块，然后用剪刀剪成雪花片状。

妈妈读儿歌

《小雪花》

小雪花，小雪花，
飘在空中像朵花。
小雪花，小雪花，
飘在窗上变窗花。
小雪花，小雪花，
落在地上变小山。

左和右

关键词：方位概念、理解能力

客厅里的游戏

游戏准备：无。

游戏目的：让宝宝简单了解方向的知识，提升空间智能。

妈妈宝宝一起玩

1. 妈妈和宝宝并排坐着，当妈妈举起左手的时候，就清晰地说："这是左手。"而宝宝也需要举起左手，重复地说："这是左手。"

2. 妈妈问宝宝："你知道身体的左半部分都有什么吗？"宝宝这时就会认真地思考"左边"都有什么？

3. 如果宝宝还不能理解左边的概念，妈妈可以引导宝宝，左边有耳朵、眼睛、胳膊和腿。以此类推，右边的概念也可以这样教给宝宝。

还能这样玩

宝宝站在中间，妈妈站在宝宝的左边，爸爸站在宝宝的右边，妈妈问宝宝："你的左边是谁"，引导宝宝做出正确的回答，爸爸再问宝宝："你的右边是谁"，引导宝宝回答。然后爸爸和妈妈互换一下位置，再问宝宝。

蒙氏箴言

表达方向的方式有很多，如一条马路一边为左，一边为右等等。

认识水果

关键词：生活认知、逻辑思维　客厅里的游戏

游戏准备：橘子、葡萄、荔枝和番茄的模型。

游戏目的：通过游戏中对水果的认识，提高宝宝的逻辑思维能力。

妈妈宝宝一起玩

1. 妈妈拿着事先准备好的各样水果的模型放在宝宝的面前，引导宝宝说出这些水果的名字，它们都有哪些特征，是什么季节才会吃到。

2. 拿个橘子问宝宝："橘子是什么颜色的？橘子是酸的还是甜的？什么时候我们能吃到甜甜的橘子？"

3. 如果宝宝不能很好地回答妈妈提出的问题，妈妈可以帮助宝宝回答，并重复几次，加深宝宝的印象。

蒙氏箴言

在游戏过程中，妈妈需要注意，尽量挑选颜色鲜艳并常见的水果。

妈妈读儿歌

《水果娃娃》

苹果和香蕉，
苹果圆圆，
香蕉弯弯，
你一半，我一半，
一人一半吃得欢，
心里甜甜，笑声甜甜，
嘴巴笑成弯香蕉，
脸色更比苹果艳。

水果汇

这些水果都是什么颜色的？快来涂一涂。

东西应该在哪里

关键词：秩序、判断力

客厅里的游戏

游戏准备：妈妈平时用的东西，如手镯、项链、唇膏、发卡等，爸爸平时用的东西，如公文包、刮胡刀、鞋油、钢笔等，以及宝宝平时玩的东西，如玩具车、积木等。

游戏目的：让宝宝通过游戏找东西的环节，练习分析的能力。

妈妈宝宝一起玩

1. 首先和宝宝说明游戏的规则和题目（在半个小时内，找出妈妈的发卡；爸爸的刮胡刀；宝宝自己的玩具车，不能借助外援），让宝宝了解这是一个怎么过程的游戏。

2. 然后当妈妈说开始的时候，宝宝的脑子就开始了运转，妈妈的发卡一般在梳妆台上；爸爸的刮胡刀一般在洗手间里；而我的玩具车当然是在我的房间里。结果这下就有了眉目。没用几分钟就找出了这三样东西。

还能这样玩

也可以让宝宝主动收集家里每一个人都物品，让妈妈或爸爸来猜一猜这些物品都是谁的。

蒙氏箴言

游戏的过程就是宝宝思考、分析的过程，通过自己的认知和以前积累的家里每样东西的摆放位置，使他轻松地就完成了游戏，获得了奖励。

温馨提示

通过这个游戏，要让宝宝知道任何物品都有各自应该摆放的地方，日常生活中，家长可以经常请宝宝帮忙把用完的东西送回应该放的地方，培养宝宝不乱拿东西、不乱放东西的好习惯。

物归原位

小兔子、小青蛙、小猪应该住在哪个盒子里？

画五官

关键词：认知、观察力　客厅里的游戏

游戏准备：一块黑板，上面画两个动物的头，如大象、兔子、狐狸等，一根粉笔；两个眼罩。

游戏目的：让宝宝学会分析、比较不同动物的特点，从而提高认知能力。

妈妈宝宝一起玩

1. 妈妈将黑板放在适中的位置，方便宝宝进行游戏。

2. 给宝宝戴上眼罩，由妈妈将宝宝引领到黑板的前面，在动物的头中添画动物的五官。

3. 画得对就奖励宝宝一个小奖品。

4. 妈妈可以先给宝宝做示范，让宝宝了解自己要画的是什么角色。

还能这样玩

一张硬纸板做一个头形轮廓和可粘贴的眉毛，眼睛，耳朵，鼻子，嘴。

让宝宝认识自己的五官，要求宝宝告诉爸爸妈妈自己五官的名称，然后家长拿出准备好的五官图片让宝宝辨认。妈妈或爸爸示范，有意识地把五官位置贴错，让宝宝分辨正确与否，同时请宝宝把错的纠正过来。

蒙氏箴言

指导宝宝贴五官时要注意根据宝宝的年龄特点，不强求脸部的比例，只求五官的位置基本合理就可以了。另外，贴五官游戏，可发展到贴其他事物，例如贴小兔子、小熊等等。从中让宝宝了解各类动物的外形特征。

温馨提示

需要注意的是：在宝宝画的过程中，一定要移开尖锐的物品，以防伤害到宝宝。

五官大冒险

小眉毛黑又弯，动来动去真好看。
小眼睛亮晶晶，样样东西看得清。
小鼻子中间站，闻闻面包香不香。
小耳朵两边长，仔仔细细听声音。
小嘴巴真能干，水果蔬菜都喜欢。

打电话

关键词：人际交往、语言能力

客厅里的游戏

游戏准备：一个真的电话或手机，宝宝专用电话簿。

游戏目的：让宝宝通过讲电话，加强人际关系能力。

妈妈宝宝一起玩

1. 妈妈给宝宝制作一个“专用电话本”，让宝宝记下想要打电话的对象，同时加深宝宝的记忆。

2. 妈妈引导宝宝打电话，如“晚饭做好了，快给爸爸打电话，问问他什么时候回来？”

3. 在游戏的时候，当宝宝按下数字键，开始打电话的时候，妈妈可以模仿爸爸的声音，与宝宝即兴对话。

4. 妈妈也可以继续引导宝宝，“还想给谁打电话吗？”，让宝宝自由想象。

蒙氏箴言

通过打电话，让宝宝认识了一种与人交流的形式，宝宝用这种方式与妈妈进行沟通，不仅让妈妈及时掌握宝宝的语言发展能力，还可以了解宝宝的情感需求。与妈妈最初的情感交流，奠定了日后宝宝与他人交往的能力。

妈妈读儿歌

《打电话》

提起听筒说你好，
自己名字先要报，
询问对方找哪位，
找对人选好宝宝。

敲击

关键词：分析能力、精细动作 客厅里的游戏

游戏准备：若干个玻璃罐、塑料桶、铁罐，一个大纸箱，可敲打出声音的棒子。

游戏目的：让宝宝通过游戏学会用耳朵听、用手打，并且认识不同质料的不同音色，同时增强分析比较能力。

妈妈宝宝一起玩

1. 妈妈先敲击事先准备好的三种不同材质的罐子，让宝宝仔细用耳朵聆听罐子发出的声音，然后让宝宝闭上眼睛，猜一猜是哪个罐子发出的声响。

2. 让宝宝用棒子敲打任何东西，包括桌椅板凳等，让他了解各种不同的音色。

3. 让宝宝站在中间并且闭上眼睛，当妈妈从远处敲击其中的一个罐子的时候，宝宝要指出声音的方向。

4. 将家里的各种瓶瓶罐罐以及大纸箱都当成乐器，再配上音乐，让宝宝来一场即兴的演出。

还能这样玩

给宝宝准备一套小鼓玩具，鼓励宝宝自己敲一敲。当宝宝能够自由挥棒敲打时，妈妈可以有节奏地拍手引导宝宝有节奏地敲打，锻炼宝宝的手部肌肉以及手眼协调能力，培养宝宝的节奏感。

蒙氏箴言

妈妈要记住，让宝宝敲打，而不是敲碎物品，同时也要避免宝宝受伤。还要适时地给予宝宝赞美，让他更热衷于尝试。

积木房子

关键词：想象力、创造力

客厅里的游戏

游戏准备：一套积木。

游戏目的：让宝宝大胆按照自己的意愿搭房子，训练宝宝的形象组合能力，锻炼宝宝的想象力和创造力。

妈妈宝宝一起玩

1. 妈妈和宝宝坐在地上，一起讨论房子的构造，例如，房子有窗户、有门、有屋顶。

2. 妈妈先给宝宝示范如何正确搭积木：搭2～4块积木，让宝宝模仿着搭。在搭的过程中，宝宝每加一块积木，妈妈都夸奖他，用激励的语言让他爱上搭积木。

3. 引导宝宝用大积木垫底，再依次用小积木，让宝宝按照自己的想法用积木搭房子。

4. 宝宝向妈妈展示自己搭的房子，妈妈要夸奖宝宝哦。

还能这样玩

1. 给宝宝一些风格各异的建筑图片，让宝宝尝试搭建多种造型的房子。

2. 请宝宝给自己搭的房子取个名字，然后在搭好的房子里放一些小的塑料动物以及人物小模型，看看这个房子是不是跟我们住的房子一样呢。

蒙氏箴言

积木可以自由地拼摆、组合，是开发宝宝创造力最完美的玩具之一。搭积木是一种积极的思考过程，可以促进宝宝视觉、触觉、想象力和创造力的发展。此外，宝宝的手部肌肉也得到了锻炼，手指的灵敏和准确性得到了提高，发展了眼、手、脑等器官协调并用的功能。

小宝宝爱运动

关键词：肌肉力量、协调能力

客厅里的游戏

游戏准备：无。

游戏目的：让宝宝前倾后倒，锻炼宝宝的腿部和脚底肌肉，练习平衡能力，以及训练宝宝的脚底弹性，刺激运动神经。

妈妈宝宝一起玩

1. 妈妈坐在地毯或者床上，宝宝赤脚，直立在妈妈腿部近膝盖处。

2. 当宝宝站稳时，妈妈拉动宝宝的双臂，让宝宝慢慢往妈妈的胸前靠。

3. 让宝宝的脸贴着妈妈的脸，妈妈亲一亲宝宝，对宝宝说“真棒”。

4. 妈妈拉着宝宝的双臂，让宝宝慢慢远离妈妈，慢慢往后倒。

5. 当宝宝对前倾后倒的动作熟练以后，妈妈可以小心地做幅度更大一点的“前倾后倒”动作，如果宝宝害怕要及时给他鼓励和赞美。

还能这样玩

1. 每次换过尿布之后，妈妈扶着宝宝站在松软的地方，然后帮助宝宝向前弯、向后弯，或者晃动身体，多重复几次。

2. 妈妈也可以自己编一些简单的儿歌，边对宝宝说儿歌，边帮宝宝做运动。

蒙氏箴言

在游戏中，妈妈不要太用力拉扯宝宝的手臂，否则容易使宝宝受伤。妈妈要有规律地做这个动作，速度也不要太快，太快的速度宝宝不容易把握。宝宝会因为这种规律性的动作，而充满期待。同时，妈妈还要随时关注宝宝的情绪变化。

钓鱼

关键词：数学能力、思维

游戏准备：钓鱼玩具。

游戏目的：通过游戏训练宝宝点数的能力以及基本的加减法。

妈妈宝宝一起玩

1. 妈妈将事先准备好的钓鱼玩具拿给宝宝，并跟宝宝说："今天你要扮演小猫，看看你钓鱼的技术。"

2. 宝宝拿起鱼竿就开始钓鱼了（这种玩具一直转，而且鱼的嘴巴也是一张一合的）当宝宝钓到一条鱼的时候，妈妈就要问："你钓到几条鱼了？"宝宝回答"1条"。

3. 当宝宝钓到第二条鱼的时候，妈妈要说："1条鱼加1条鱼是几条？"宝宝回答："2条"。

4. 当第三条鱼上钩的时候，妈妈就说："2条鱼再加上1条鱼是几条？"宝宝回答："3条"以此类推……

还能这样玩

带宝宝出门，走在马路上就可以和他玩数数游戏了，数数的对象可以是汽车、树或者电线杆。数汽车时，可以站在一个地点，数数1分钟内共有多少辆汽车开过，当然为了让游戏更有趣，可以只数某种颜色或某种类型的汽车。

蒙氏箴言

1. 当宝宝钓到鱼的时候，妈妈应该鼓励宝宝要有耐心，做事要稳稳当当。如果宝宝钓不到鱼，妈妈可以引导宝宝并做示范。

2. 当宝宝完成游戏的目标，还表现出有兴趣的话，可以把"鱼"放进去再重新进行。

飞舞的小虫

关键词：想象力、视觉能力 客厅里的游戏

游戏准备：纸板，剪刀，透明胶，手电筒。

游戏目的：训练宝宝的视觉跟踪能力；通过黑暗与光亮的对比，激发宝宝的想象力。

妈妈宝宝一起玩

1. 在纸板上剪出一只小飞虫的形状。

2. 用透明胶把小虫粘到手电筒上。

3. 妈妈和宝宝一起待在房间里，拉上窗帘，关掉电灯。

4. 妈妈打开手电筒，让灯光照在宝宝身边的墙上，然后将手电筒的灯光不停地转换位置，引起宝宝的注意。

5. 妈妈鼓励宝宝去抓那只飞舞的“虫虫”。

还能这样玩

1. 根据游戏创编儿歌，让宝宝边听儿歌边抓“虫虫”，例如，虫虫虫虫飞，飞到东来，飞到西，爱和宝宝做游戏。

2. 邀请爸爸一起参与，爸爸表演手影秀给宝宝看，然后妈妈握着宝宝的手秀秀宝宝的手影。

蒙氏箴言

这个游戏独具特色，利用手电筒的聚光来吸引宝宝，并通过黑暗和光亮的对比，集中宝宝的视觉注意力。手电筒的投影是动态的，宝宝的视觉会随着投影的移动而移动，不仅可以训练宝宝的视觉能力，还能激发宝宝丰富的想象力，对发展宝宝的空间视觉有很大的帮助。

异和同

关键词：观察能力、分类

客厅里的游戏

游戏准备：各种物品。

游戏目的：通过游戏，培养宝宝找出物品的相同点或不同点的观察能力，熟练地练习“分类”的概念。

妈妈宝宝一起玩

1. 首先，妈妈在一堆相同的物品当中放置一件不同的物品，如一堆香蕉中，放置一个苹果。

2. 要求宝宝在相同的物品中取出不一样的。

3. 当宝宝取出这样物品的时候，让宝宝试着说明拿出这件物品的原因。

4. 妈妈在聆听宝宝的理由时，要适当地加以引导，让宝宝清楚地了解“异”和“同”的概念。

还能这样玩

妈妈还可以根据宝宝的实际情况增加游戏的难度，如在一堆一元硬币当中放一个1角的硬币；在一堆橙子当中放一个橘子，让宝宝能够分辨出细微的差别，同时也可以让他了解橙子、橘子虽然形状、颜色相同，但是表皮的粗糙程度是不同的，同是水果，有共同点，也有不同的地方。

蒙氏箴言

按物体的名称分类；按物体的外部特征分类；按物体量的差异分类；按物体的用途分类；按物体的材料分类；按物体量的差异分类以及按事物之间的关系分类(如，把小兔子和萝卜归在一起)。另外，还可以根据图片中人物的哭、笑等表情特征分类，按动作姿态，如唱歌的、跳舞的归类，或者按照图片中有叶子无叶子分类等等。

相同和相反

这些物体，什么地方是相同的，什么地方是相反的？

“挺进”停车场

关键词：分类、大动作

游戏准备：仿真玩具车，椅子若干把。

游戏目的：让宝宝了解不同车的名字和用途，从而增强宝宝按名称分类的能力。

妈妈宝宝一起玩

妈妈有没有发现，宝宝开始对他的爱车（仿真玩具车）“如数家珍”。每辆车的性能、用途、载客数量等他都能一一列举，说得头头是道。如果发现了宝宝的这种才华，那正好可以通过游戏考考他。

1. 妈妈将事先准备好的椅子围成一个圈，将其命名为“宝宝停车场”。

2. 让宝宝把他所有的汽车开进停车场，但如果想要进去的话，就要先通过“安检”（所谓安检就是将汽车的车名和用途等报给妈妈），当安检通过的时候，汽车就可以挺进停车场。

还能这样玩

根据宝宝对汽车的喜欢，父母可以在外出时随时随地和宝宝做游戏，例如，在路边看来往的车辆，区分不同；在停车场，和宝宝一起数数到底有多少辆小汽车停在停车场等等。

蒙氏箴言

如果宝宝还不能将他所有的爱车报上名字的话，妈妈可引导他，而对于分辨能力比较强的宝宝，妈妈就可以进一步地要求：报出有几辆是可以载客，有几辆是可以载货的。不过一切要根据宝宝的掌握能力而定。

认识汽车

公交车

卡车

轿车

出租车

自行车

摩托车

给玩具找家

关键词：颜色分类、思维

客厅里的游戏

游戏准备：大纸箱，各种颜色的玩具。

游戏目的：培养宝宝学会按颜色分类的能力。

妈妈宝宝一起玩

1. 妈妈将事先准备好的大纸箱递给宝宝，告诉他这个可以作为玩具的“房子”。

2. 要求宝宝将自己的红色玩具挑出来住进“新房子”里。

3. 当宝宝将红色玩具准确地装进“新房子”后，妈妈可以鼓励宝宝，让他以其他颜色为基础，挑出玩具“住新家”。

蒙氏箴言

和同龄小朋友一起玩，让他们将各自的玩具带到现场，以竞赛的形式，帮助各种颜色的玩具找家，看谁找得又快又准。

宝宝对色彩鲜艳的物品更加关注和喜爱。教宝宝认识颜色可以从红、黄、蓝开始，等宝宝能准确分辨这三种颜色之后，可以再引导宝宝认识这些颜色的深浅。在日常生活中，妈妈给宝宝玩具或者让宝宝看图片时，都可以教宝宝认识颜色，加深宝宝对常见颜色的记忆。

妈妈读儿歌

《玩具的家》

宝宝有个家，玩具也有家，
宝宝放学要回家，
玩具用完要回家，
快来快来找一找，
帮助玩具快回家。

小袋鼠跳起来

关键词：跳跃能力、大动作

客厅里的游戏

游戏准备：一个废麻布袋子，在袋口缝两根绳子，注意缝牢固。

游戏目的：让宝宝进行弹跳练习，学会自己跳跃，发展宝宝的腿部力量以及大运动能力。

妈妈宝宝一起玩

1. 妈妈学袋鼠先跳一跳，激发宝宝学跳的欲望。

2. 妈妈帮忙让宝宝站在袋内，袋子的高度正好在宝宝的腋下，让宝宝的小手可以轻松拉在袋子的前面。

3. 妈妈拉住袋口上的两根绳子，托住宝宝做跳跃的动作，让宝宝向前一步一步地跳。宝宝边跳，妈妈边鼓励宝宝："宝宝，真棒！"

还能这样玩

1. 在宝宝的前方放一些他喜欢的玩具，让他跳跃取玩具玩，妈妈在旁边协助宝宝。

2. 妈妈用粉笔画出多个排成直排的直径大约30厘米的圆圈，让宝宝在上面做袋鼠跳一跳。

蒙氏箴言

在游戏中，妈妈要注意宝宝的安全，小心不要让宝宝摔倒。跳跃是宝宝重要的身体活动之一，有助于宝宝大肌肉运动能力的发展和全身动作的协调。站在袋里完成跳跃会给宝宝一种新奇的感觉，妈妈托着宝宝跳呀跳，宝宝会感到自己真的就像袋鼠一样，会喜欢上这个游戏。

寻宝

关键词：探索、运动

游戏准备：图片，塑料球，一些日常用品，塑料充气球池。

游戏目的：让宝宝练习抓握取拿的动作，促进肌肉的发展；以游戏中的寻找动作，让宝宝建立起认知及数、量的概念。

妈妈宝宝一起玩

1. 当宝宝进入球池的时候，可以将球慢慢地倒入池中，让宝宝逐渐地感觉身体被覆盖的感觉，体会“消失”“存在”的概念。

2. 妈妈将一个物品仍入池中，让宝宝寻找出来。

3. 当宝宝完成上面的动作后，妈妈可以多扔一些物品，然后配合着图片，让宝宝在池子里找出相应的物品。

4. 因为宝宝已经了解了基本的数字概念，所以当妈妈拿出数字图片的时候，宝宝就要丢出与数字卡片上的数字相应的球数。

还能这样玩

父母可以为宝宝画一张寻宝图，将新买的玩具藏在柜子里，再将家里各处用简单易懂的图形标注出来，画出找到宝藏所需要的路线，让宝宝感受寻宝的乐趣和得到宝藏的幸福感，在快乐中学习。

蒙氏箴言

因为宝宝的注意力不是很长久，所以做游戏的时候应该在没有杂物的环境下进行，而且妈妈玩游戏的投入程度，直接影响了宝宝对游戏的兴趣。所以妈妈玩得越投入，宝宝玩得越开心。最好是在轻松、愉快的前提下，不要让宝宝察觉到是在学东西，这样效果会大打折扣。

儿童房

找一找，房间里都有什么玩具？

顺序

关键词：手眼协调、排序　客厅里的游戏

游戏准备：积木，玩具。

游戏目的：让宝宝运用眼、手以及语言等方式，学习顺序的数学概念。

妈妈宝宝一起玩

1. 准备一些宝宝平常玩的玩具，如积木、玩具车、娃娃、玩具熊等。

2. 妈妈在宝宝的眼前念着："车子、积木、娃娃、小熊、车子、积木、娃娃、小熊……"并依照顺序将玩具排顺。

3. 让宝宝按照已经排好的顺序，念出他说看到的物品。

4. 当宝宝熟练地念出玩具名称的时候，妈妈就可以向宝宝提问：娃娃的下一个应该是什么呢？再下一个呢？

蒙氏箴言

这个游戏能够很好地让宝宝了解顺序，而顺序又是数学的概念之一，所以，这个游戏能让宝宝学习到顺序的概念，以此提高逻辑推理能力。而这个过程，又是语言与听觉，甚至是动作的训练，让宝宝得到全面的锻炼。

温馨提示

培养宝宝的顺序感有助于他们以后灵活应对数学和科学，另外，也会影响他们未来职业的选择，逻辑能力较强的宝宝更有可能选择诸如工程、建筑、航空等职业。

第几个反了

第几个小松鼠站反了？把它圈出来！

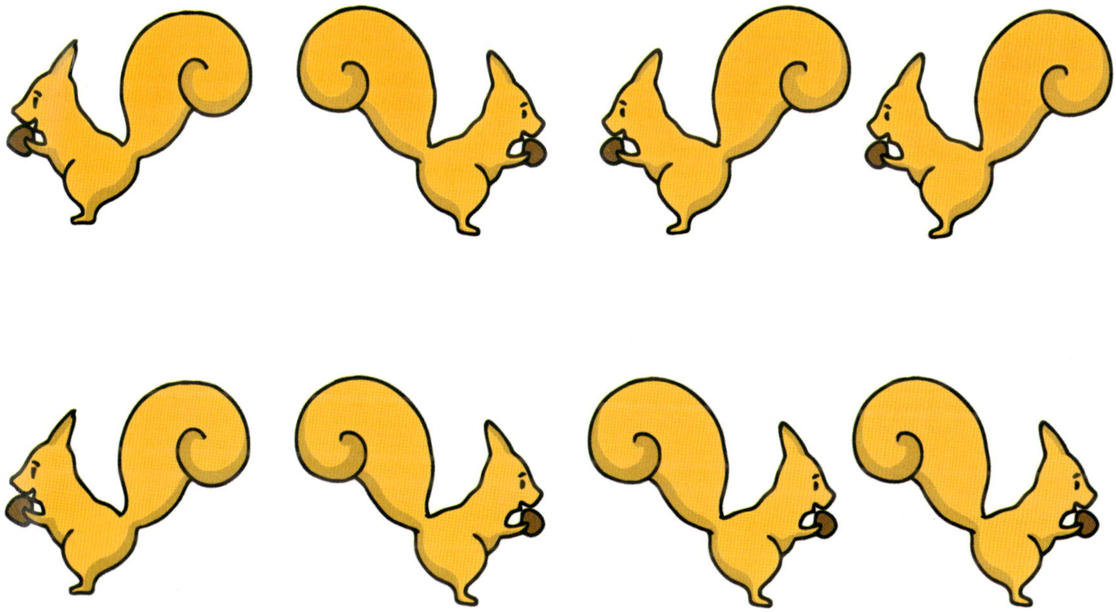

测量

关键词：观察力、大脑发育　客厅里的游戏

游戏准备：纸，笔，标准尺，若干木棍。

游戏目的：通过测量物体的长短、高低，以此获得测量的经验，同时提高观察能力。

妈妈宝宝一起玩

1. 请宝宝用手或脚、木棍比着物品的边缘进行测量。

2. 妈妈可以事先测量一下家里的物品，如墙、桌、椅、门、床等，然后再请宝宝独立测量一下上述的物品，跟妈妈的测量结果进行比对，如果宝宝不熟悉这个过程，妈妈可以引导他，并做示范。

3. 需要注意的是：给宝宝用的尺子一定要是标准尺，以方便宝宝日后的学习。

蒙氏箴言

妈妈需要注意，在给宝宝做示范的时候，一定要清晰、准确，同时要使用标准尺，这样能够很好地促进宝宝日后的学习。同时，这一系列的游戏过程，就是要让宝宝熟悉测量的过程。

温馨提示

选用边缘比较圆滑的尺子，制作尺子的材料最好是木制或塑料的。铁质的尺子又硬又凉，很容易划伤宝宝娇嫩的肌肤。尺子的长度不宜过长，太长的尺子宝宝拿起来不方便。

石头、剪刀、布

关键词：精细动作、人际交往

客厅里的游戏

游戏准备：宝宝喜欢的玩具，如玩具汽车、布娃娃。

游戏目的：和宝宝用石头、剪刀、布来决定“纠纷”，培养宝宝公平地解决人际问题的能力。

妈妈宝宝一起玩

1. 妈妈拿出玩具，让宝宝看到。

2. 妈妈自己玩玩具，当宝宝也想要玩具的时候，妈妈对宝宝说：“妈妈和宝宝都想玩这个玩具，可是玩具就只有一个呀。要不我们就用石头、剪刀、布来决定玩具给谁玩吧。”

3. 妈妈给宝宝解说规则：握紧的拳头代表石头；中指和示指伸直，其余手指握紧，代表剪刀；五指伸直，张开手掌，手心方向随意，代表布。石头打剪刀，布包石头，剪刀剪布。

4. 宝宝明白后，妈妈就和宝宝一起就用这个方法来决定谁先玩玩具吧。

还能这样玩

1. 当出现“纠纷”或意见不统一时，妈妈视情况而定，确定是否用石头、剪刀、布的方法来解决问题。

2. 如果妈妈赢了，可以邀请宝宝一起玩；如果宝宝赢了，妈妈可以装作很想玩的样子，引导宝宝邀请妈妈一起玩。

蒙氏箴言

石头、剪刀、布的游戏，能让宝宝判别输赢，解决生活中一些小的争端。在日常生活中，妈妈可以经常和宝宝玩类似的游戏，让宝宝知道没有永久的输赢，人人都有机会，帮助宝宝建立健康的人际关系。在这个游戏过程中，还有助于提高宝宝的反应能力。

发明创造

关键词：创造力、想象力

客厅里的游戏

游戏准备：笔，一次性纸杯，线，剪子。

游戏目的：提高事物联系的能力，一次提高想象能力。

妈妈宝宝一起玩

1. 将准备好的“道具”拿给宝宝，让他根据这些物品，组成一个新的物品。

2. 妈妈有没有想到用这些东西能够能组成什么东西吗？其实，宝宝很聪明，他能够想象出你想不到的东西，如：船、篮子、电话机、传声筒、发泄器（就是在杯子的表面画上自己讨厌的事，然后倒上水或是饮料喝下去，相当于一种解压的办法，不知道宝宝怎么学会的）等。

蒙氏箴言

妈妈需要注意，防止宝宝在发明创造中受到伤害。而且在游戏的过程中，如果宝宝出现思维堵塞的情况，妈妈需要尽可能地引导宝宝，让他时刻都思路畅通。

温馨提示

宝宝的思维有时候很活跃，他们的发明充满奇思妙想，甚至有时候父母不能完全理解他们发明的用处，这时不要嘲笑或是冷落宝宝的想法，应该尽量让宝宝解释给大家听，并且夸奖宝宝的创造力。

哪些会飞，哪些会游

球

关键词：想象力、比较　客厅里的游戏

游戏准备：塑料子弹，弹珠，乒乓球，网球，玩具球，排球，足球，篮球等。

游戏目的：这个游戏能很好地让宝宝提高想象能力，从而增强对事物的联系能力。

妈妈宝宝一起玩

1. 让宝宝将事先准备好的球类按大小进行排列。

2. 当宝宝完成后，妈妈和宝宝就可以任意地挑选一个球。妈妈说："我的篮球比你的大，你的足球比我的小。"

3. 妈妈接过宝宝手里的小球，让宝宝在剩余的球中挑选一个和自己的球比较，如果比自己手里的球大，就让宝宝重新挑选，如果比自己手里的球小，就接过来，再让宝宝挑选，以此类推。

蒙氏箴言

这个游戏的过程，能够很好提升宝宝对于事物之间的联系关系。而且，游戏的"道具"多种多样，只要能让宝宝学到正确、科学的知识，什么样的"道具"都可以。

温馨提示

玩球类游戏，应把宝宝的安全放在第一位。乒乓球较小，应防止宝宝吞咽；气球很脆弱，应防止宝宝舔食或被扎破的气球吓到；玩其他的球类也要当心，小心宝宝被球绊倒。

认识四季

春

夏

秋

冬

形状找“家”

关键词：图形认知、精细动作

游戏准备：3个不同形状的物品以及对应的盒子（盒子的形状与物品形状对应）。

游戏目的：让宝宝区分不同的形状，并能把某个形状的物品与相对应的盒子进行配对。

妈妈宝宝一起玩

1. 给宝宝各种形状的物品，当宝宝拿起一个三角形物品时，妈妈对宝宝说：“宝宝，你拿的是一个三角形，它有三个角。”“这是一个正方形，它有四个角。”

2. 引导宝宝给手中的形状放到相应的盒子中，例如，用语言提示：“宝宝，找一找哪个盒子是三角形，找到了就把三角形放到盒子里吧。”或者通过示范，帮助宝宝理解游戏方式。

3. 当宝宝理解游戏玩法后，让他自己玩；当宝宝找对时，妈妈可及时给予鼓励。

还能这样玩

1. 当宝宝能较好地掌握3种形状时，爸爸妈妈可引入对于3种形状的物品以及配对盒。

2. 爸爸妈妈也可以给宝宝准备一些简单的图形镶嵌版，让宝宝自己拆，自己镶嵌。

3. 给宝宝物品或带宝宝外出时，告诉宝宝所看到的物品是什么形状。

蒙氏箴言

宝宝1岁之后已经可以认识圆形、方形、三角形等简单的几何图形了。通过这个游戏，可以帮助宝宝认识几何图形，锻炼宝宝的数学能力。通过这个游戏还可以培养宝宝的注意力和观察力。当宝宝将图形放入相应盒子时，还可以引入里、外、上、下这些方位词。

填积木

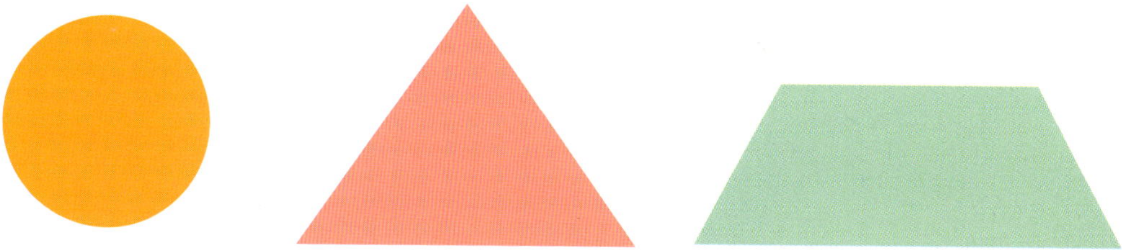

影子的变化

关键词：知识积累、思考能力

客厅里的游戏

游戏准备：娃娃，手电筒。

游戏目的：让宝宝通过游戏学习如何进行探索，同时提高创造性思维能力。

妈妈宝宝一起玩

活动一：

1. 妈妈可以给宝宝准备一个手电筒，在光线较暗的地方打开它，让宝宝看看发生了什么。

2. 宝宝说："影子、影子"。这时，妈妈再将手电筒转换个角度，请宝宝观察有什么变化。宝宝说："影子在动。"

3. 将手电筒拿远一点，再进一点，看看影子又有什么变化。宝宝说："影子在伸缩。"

活动二：

1. 让宝宝在晴天的情况下到户外走走，让他在地上画自己的脚印和影子。

2. 过了一段时间后，再让宝宝到原来脚印的位置，观察影子是否和原来的一模一样，让宝宝想想这是为什么？

还能这样玩

有阳光的白天或者有灯光的晚上，爸爸妈妈和宝宝在回家的路上就可以玩这样的游戏，让爸爸妈妈和宝宝互相踩彼此的影子，在互相追逐的过程中不知不觉就到家了。

蒙氏箴言

这个游戏能很好地促进宝宝观察的兴趣，而且在游戏中，宝宝也学到了知识。

温馨提示

带宝宝在户外活动的时候要防止宝宝中暑，避免宝宝意外受伤。

找影子

把小动物和它们的影子连起来！

排大小

关键词：分辨能力、认知

客厅里的游戏

游戏准备：套娃或套杯。

游戏目的：让宝宝学会做比较，增强宝宝的认知能力。

妈妈宝宝一起玩

1.妈妈从套娃中拿出大小比较鲜明的3个娃娃，让宝宝给这些娃娃排队。

2.按照从大到小的顺序进行排列。先教宝宝找出最大的那一个，然后在剩余的两个娃娃中挑出较大的那一个，将之前那个大的与现在挑出的这个做比较，然后将这个娃娃排在那个大娃娃的后面，依此类推。

3.也可以使用套杯来代替套娃。等到宝宝能够熟练掌握排序之后，妈妈就可以将排列的个数增加，但最好也不要超过6个。

还能这样玩

1.让宝宝看球，妈妈指着大球告诉宝宝："宝宝看，这是大球。"然后再指着小球对宝宝说："宝宝看，这是小球。"

2.妈妈把大球和小球分别拿起来给宝宝抱一抱或拿一拿，抱起大球就对宝宝说："这是大球，"抱起小球就对宝宝说："这是小球。"让宝宝通过触觉感受球的大小。

3.给宝宝球，妈妈说"大球"或"小球"，引导宝宝将大球或小球指给妈妈看。

蒙氏箴言

培养宝宝的各种能力，不仅是在锻炼宝宝的动手能力，更是在开发宝宝的大脑，让宝宝的大脑发育得更加灵活、迅速，让宝宝变得更加聪明。不要看现在没什么起色，也没有看到什么成效，等到宝宝给你惊喜的那一天时，你就会发现这里的奥秘。

排一排

给套娃按大小排序。

(　　)

(　　)

(　　)

(　　)

(　　)

拿小球

关键词：探索、大动作　　客厅里的游戏

游戏准备：一个盒子，几个小球。

游戏目的：让宝宝在寻找中学会捕抓东西。

妈妈宝宝一起玩

1. 妈妈将小球放入盒内，盖上盖子，拿到宝宝的面前，吸引宝宝的注意。

2. 妈妈给宝宝示范如何打开盖子，怎样拿出小球，宝宝也就会学着妈妈的样子把小球一个一个地拿出来。

3. 当宝宝把小球全部拿出后，妈妈给宝宝做示范，将小球放进去，然后再将盖子盖上。

4. 宝宝会觉得很新奇，发现事物又没有了，就会一边往外拿，一边往里捡。

5. 妈妈可以将小球换成任意宝宝喜欢的玩具，如毛绒玩偶、卡片、童书等，宝宝成功完成了动作，妈妈要及时给予宝宝鼓励。

蒙氏箴言

宝宝的手指能够灵活的活动，就意味着宝宝可以抓任何他认为新奇的东西，会抓住这些东西仔细地观察，会从中认识很多新鲜的事物，增长了宝宝的见识。这也是一种提高宝宝智力的方法。如果宝宝能够灵活地抓取物品，他就会使用手进行抓、握、捏等不同的动作，与此同时，身体的其他部位也会随之运动，达到全身运动的目的。

温馨提示

在玩的过程中，妈妈要注意宝宝的情绪，宝宝烦躁或困了的时候要适时停止，不要为了锻炼宝宝的能力而忽略的宝宝的情绪。还要注意玩具不要太小，以免宝宝将其塞进鼻孔或耳朵，造成伤害。

我是小顾客

关键词：人际交往、语言表达 客厅里的游戏

游戏准备：宝宝的玩具4～8件，围裙一条。

游戏目的：锻炼宝宝的语言理解能力，让宝宝在实践中提高社交能力。

妈妈宝宝一起玩

1. 在地毯上，妈妈将玩具逐一放好，围上围裙，充当营业员。

2. 妈妈给宝宝介绍小商品，比如，指着玩具小狗，对宝宝说："这是小狗，会'汪汪汪'地叫，看看这白白的毛，还有4条腿，一条卷卷的尾巴，还可以给宝宝看家哦！宝宝想买它吗？"

3. 妈妈可以把各种玩具都给宝宝介绍一遍，宝宝就会随着妈妈的叙述说一些简单的话语。

还能这样玩

当宝宝熟悉这些玩具后，还可以拿蔬菜或是水果来代替玩具，给宝宝介绍蔬菜水果，如果宝宝根据妈妈的描述就能猜对物品的名称，妈妈就可以把物品"卖"给宝宝。

蒙氏箴言

爸爸妈妈需要从小培养宝宝的社交能力，在日常生活中与宝宝沟通，让宝宝拥有良好的社交能力，就等于给了宝宝一个美好的明天。

温馨提示

0～1岁的宝宝理解能力有限，所以妈妈在为宝宝介绍"商品"的时候，叙述一定要简洁、有重点，表情要丰富、夸张一些，避免宝宝因不能理解而产生挫折感，影响游戏的效果。

彩色世界

关键词：色彩感知、想象力

客厅里的游戏

游戏准备：红、黄、绿玻璃纸各一张。

游戏目的：认识色彩，感受色彩的变化，启发创造能力。

妈妈宝宝一起玩

1. 将三色的玻璃纸各裁成20厘米×30厘米大小的长方形。

2. 妈妈拿起一张玻璃纸放在自己的手上，吸引宝宝将注意力集中到妈妈的手上，并对宝宝不停地重复说：“这是红色！”然后再换另外两个颜色。

3. 手中拿起一种颜色的玻璃纸，然后再用另一种颜色的玻璃纸重叠上去，并告诉宝宝：“宝宝快看啊！妈妈的手马上就要变颜色喽！”让宝宝感受到颜色的变化，并让他自己拿起玻璃纸玩，自己感受不同色彩的变化。

还能这样玩

准备不同颜色的球，然后妈妈和宝宝说：这是红色的球，这是蓝色的球，这是黄色的球。同时观察宝宝的反应。还可以引导宝宝去拿自己喜欢的球，采用不用的方式鼓励宝宝做游戏。

蒙氏箴言

在与宝宝进行这种游戏时，虽然宝宝还不能完全知道这是什么颜色，但是色彩的变化却能让宝宝感到十分的新奇，让他产生好奇心，将注意力集中在观察色彩的变化上，让他体会到不同色彩的美丽，让宝宝喜欢上颜色。当宝宝喜欢一样事物后，就会更加认真地去察觉身边的颜色，发现自然颜色的美。

观察图画

关键词：视觉培养、观察力

客厅里的游戏

游戏准备：将40厘米×18厘米带有鲜艳的鲜花图画的挂毯或油画挂在光线较好的地方。

游戏目的：培养宝宝善于多角度观察的能力，并促进宝宝的视觉发育。

妈妈宝宝一起玩

1. 让宝宝俯卧在距离油画1米左右的地方，在宝宝的视线范围内不要出现其他物体，以免分散宝宝妈妈的注意力。

2. 当宝宝注视油画2～3分钟后，妈妈就可以拖住宝宝的小脚，促使他往油画的方向爬去，当宝宝爬近后，让宝宝从另一个角度去欣赏这幅画。

还能这样玩

妈妈拿出图片，让宝宝观察，告诉宝宝："动物园里有很多小动物，但是它们都藏起来了，你能把它们找出来吗？"当宝宝找到一只小动物的时候，妈妈要表扬宝宝，并告诉宝宝这只动物的准确名称。

蒙氏箴言

宝宝对任何事物都很有兴趣，他每天都会睁着眼睛去观察身边的每一件事物，用各种感官去感受身边的物体，他每天都会忙个不停，每天都能发现新的事物。在宝宝接受能力最强、好奇心最强的时候，就需要爸爸妈妈在一旁挖掘宝宝的潜能，让宝宝在这个好奇的阶段认识更多的东西，虽然不一定能够理解，但只要是熟悉的事物，理解起来会更加容易。

小汽车不见啦

关键词：空间智能、自然认知

游戏准备：一张较大的书面纸，玩具小汽车。

游戏目的：启蒙宝宝的空间知觉，让宝宝大概理解物体永恒存在的概念。

妈妈宝宝一起玩

1.妈妈将准备好书面纸卷成一个纸筒，筒的宽度比小汽车宽就可以。

2.妈妈要当着宝宝的面，将玩具小汽车推入纸筒中，宝宝就会感觉很疑惑，以为小汽车不见了，会一直在看小汽车消失的地方，想要把小汽车找出来，这时，妈妈就可以将纸筒倾斜，让小汽车滑下来，宝宝再次看到小汽车后就会高兴地大叫。

3.妈妈在示范后，就可以让宝宝自己操作，但是这个游戏稍微有些难度，需要妈妈耐心地给宝宝示范，并教宝宝如何操作。

蒙氏箴言

通过玩这种“找不着，又看见了”的游戏，可以让宝宝感受到事物是永久存在的，不会随意地消失。这个游戏不仅锻炼了宝宝的动手能力，还让宝宝通过触觉感受到更加真实的事物。在玩游戏的过程中，也许宝宝开始会非常好奇，但玩一会之后就有可能抓着玩具汽车啃食，想要通过味觉来看看这个小汽车到底是什么样子，这就需要妈妈在一旁及时制止，告诉他这是不好的行为，并在日常的生活中帮助宝宝改正。

温馨提示

当宝宝已经具备了一定的知觉能力时，大部分宝宝对于事物的存在是有感知能力的，但是需要在生活中不断地锻炼才能使负责空间智能的脑部神经得到充分的开发。

认识生活小物

关键词：生活能力、触觉

客厅里的游戏

游戏准备：玩具，水果。

游戏目的：开发宝宝的视觉和触觉。

妈妈宝宝一起玩

1.妈妈要准备几个鲜艳颜色的水果，如橘子、苹果，或者准备几个宝宝最喜欢的玩具，或是一些带音乐的玩具。

2.用鲜艳的颜色或声音吸引宝宝的注意，引起他的好奇心，然后妈妈就可以让宝宝拿起来玩，用手和眼来认识这个新鲜的物品。

3.妈妈要在旁边告诉宝宝手里拿的是什么东西，不停地告诉他这个物品的特点，如果宝宝拿的是苹果，妈妈就要说："这个是苹果！红红的！特别好吃！"让宝宝从多个感官来认识这个事物。

蒙氏箴言

宝宝对任何事物都很好奇，会用各种感官去认识周围这些新鲜的事物，通过这个游戏可以让宝宝利用触觉和视觉来感受新奇的事物，让他能够更快地发现事物之间的不同。当然，有的东西没有创意，就不会让宝宝集中太长时间的注意力，如果宝宝没玩多长时间就把玩具扔了，这说明有其他的事物吸引他去探索，妈妈也不要勉强宝宝，等到他闲下来的时候再给他玩也不迟。

妈妈读儿歌

1.身穿绿衣裳，肚里水汪汪，生的子儿多，个个黑脸膛。

2.弯弯树，弯弯藤，藤上挂个水晶铃。

3.黄金布，包银条，中间弯弯两头翘。

答案：1.西瓜；2.葡萄；3.香蕉。

配配对

关键词：精细动作、手眼协调

客厅里的游戏

游戏准备：3～6对有明显区别的小玩偶，盒子。

游戏目的：通过观察训练宝宝的认知能力。

妈妈宝宝一起玩

1. 当妈妈和宝宝第一次玩这个游戏时，可以先用两对玩偶，将这两对玩偶放进盒子中，然后拿出一个玩偶，让宝宝看看这个玩偶的特点。

2. 再拿出一个玩偶，让宝宝看看和第一个玩偶是否一样，当宝宝说“不是”的时候，就可以将这个玩偶同样放在一边。

3. 再掏出一个玩偶，让宝宝观察与第一次拿出的玩偶是否一样，若不一样，就将玩偶再与第二次拿出的玩偶进行比较。

4. 按照此步骤往下进行。当宝宝掌握配对的方法后，妈妈就可以将玩偶的数量增加，让宝宝进行比对。

还能这样玩

在训练宝宝给物品配对的能力时，也可以自制玩具：用硬纸板画出不同形状的空洞和正好对应空洞的纸板，让宝宝尝试将纸板套入空洞里。

蒙氏箴言

日常生活中，爸爸妈妈也要注意让宝宝学会比较不同，从中找到一样的事物，如鞋子。让宝宝自己找出一双鞋子来，这不仅能训练宝宝对事物的认知能力，还可以培养宝宝日常生活的自理能力。

举高高

关键词：调节情绪、克服惊恐

客厅里的游戏

游戏准备：无。

游戏目的：通过视野的变化，锻炼宝宝的空间知觉能力。

妈妈宝宝一起玩

1. 爸爸用双手扶着宝宝的腋下，把宝宝举高，停留一会儿，并对宝宝说："宝宝看到什么了？会不会觉得自己很高呀？你可真棒，比爸爸还高！"

2. 爸爸举着宝宝朝前走几步，然后再慢慢把宝宝放下来。爸爸举着宝宝慢慢上下，或者举着宝宝一颠一颠地走。

还能这样玩

在与稍大的宝宝玩举高高时，爸爸可以让宝宝在空中停留一下，然后对宝宝说："宝宝注意了，你要与爸爸一起转个圈。"爸爸缓慢地在原地转个圈，让宝宝感受转圈带来的变化。

蒙氏箴言

运动除了增强体质以外，对儿童心理发展本身也起着非常重要的作用。宝宝通过抓、爬、转、扔等行为，训练肢体动作，是探索动作的敏感期。同时，这个敏感期也是宝宝探索空间的敏感期，通过这些行为，宝宝会得到空间感，从而形成空间概念。

温馨提示

每个宝宝都有喜欢旋转的时期，因为他突然发现自己生活在一个自由的空间里，于是就用旋转的方式感知这样一个空间。旋转对于促进宝宝大脑成长有着积极的作用，而且还能提高宝宝的平衡性和协调性，对宝宝将来协作和阅读能力的发展都有着很大的作用。

抓玩具

关键词：认知能力、手眼协调

客厅里的游戏

游戏准备：一个10～12厘米高的带盖小桶，一些便于抓握的各种颜色、形状、大小的小型物体，如积木、圆柱体、小球、小蘑菇、彩蛋等。

游戏目的：激发宝宝的各种感知能力，巩固宝宝对形状、颜色的认识。

妈妈宝宝一起玩

1. 妈妈先给宝宝看盖着盖的小桶，并告之里面有玩具，吸引宝宝的注意，然后打开盖让宝宝看到里面的玩具。桶里玩具最好这样摆放：上面一层放一些容易稳定的玩具，下面一层则放的是容易滚动的玩具，如彩蛋、小球、圆柱体等。

2. 妈妈引导宝宝，让他从桶中拿出一样玩具，然后及时给予鼓励。当宝宝将玩具全部拿出后，妈妈可以让宝宝观察一些不能放稳的玩具，并告诉他这是什么形状，玩具上的颜色等。

3. 当宝宝玩完玩具后，妈妈就可以收拾玩具，同时也可以让宝宝帮忙一同来收拾，将玩具放回小桶里。

蒙氏箴言

宝宝在接触各种玩具时，会刺激各种感知能力的发育，让感知能力发展得更加迅速。爸爸妈妈要尽量让宝宝多接触一些物品，同时也要注意，不要让宝宝啃他手中的东西。

温馨提示

当宝宝爱上某一项探索活动的时候，父母不要过多干预，反而要尽可能地给宝宝提供一个合适的环境，让他有足够的空间和机会去进行自己喜欢的运动。

给动物排排队

关键词：序数概念、分辨能力

客厅里的游戏

游戏准备：5个动物玩具，如小兔、小狗、小猫、小鸭、小熊，1块盖布。

游戏目的：建立宝宝的序数概念。

妈妈宝宝一起玩

1. 妈妈对宝宝说："小动物来我们家做客，宝宝想知道都是谁吗？"拿出小动物放在桌上，让宝宝确认动物的名称及动物的数量。

2. "我们来给小动物排好队吧！"妈妈引导宝宝把小动物排成一横排。

3. 妈妈分别从两个不同的方向（左、右）引导宝宝说出动物排在第几位，再用手指着从左数起，并问宝宝："从这边数，小狗排在第几？"让宝宝回答并指出小狗的位置……让宝宝熟悉从左边确定所有动物的位置。

4. 换方向和宝宝继续玩，并用不同的提问方式让宝宝学会从不同的方向确认动物的位置。

还能这样玩

1. 可以将小动物摆成列的形式，再让宝宝确认动物的位置；能力强的宝宝可结合数字卡来表示动物的位置。

2. 宝宝记清动物的排列顺序后，用布将动物盖住，问宝宝："小动物来和我们捉迷藏；从前边数第一个动物是谁？""从后边数第一个动物是谁？"宝宝回答后揭开布检验是否正确。

蒙氏箴言

这个游戏能帮助宝宝学习排序，感知序数的概念，对宝宝日后的数学学习有相当大的帮助。

清香的橘子

关键词：嗅觉、感知力

客厅里的游戏

游戏准备：橘子，手帕。

游戏目的：利用生活中的常见水果，引导宝宝观察，发展感知能力。

妈妈宝宝一起玩

1. 妈妈拿出一个橘子，用手帕盖上，然后问宝宝：“你知道手帕下面是什么吗？”引导宝宝猜一猜。

2. 先不掀开手帕，让宝宝隔着手帕摸一摸，猜一猜是什么水果，然后掀开手帕，告诉宝宝是橘子。

3. 拿起橘子让宝宝闻一闻，让宝宝看着妈妈一点一点剥开橘子皮。

4. 给宝宝吃一瓣橘子，品尝橘子的味道，并用形容词表达出来橘子的味道，如甜、清香等。

还能这样玩

可以用其他的水果吸引宝宝的注意，配合宝宝的食谱，选取当季的新鲜水果。

蒙氏箴言

种类丰富又常见的水果可以经常作为游戏的道具。水果颜色鲜艳、气味芳香，每一种水果的气味和口感都不同，因此，非常容易调动宝宝参与游戏的积极性，丰富宝宝的直观体验，促进宝宝感知能力和认知能力的发展。

妈妈读儿歌

《橘子》

一只橘子红又红，
真像一个小灯笼，
小灯笼，圆又圆，
它的味道酸又甜。

交朋友

关键词：人际交往、语言表达

客厅里的游戏

游戏准备：糖果等小礼品，会说“你好”“谢谢”“再见”等礼貌用语的洋娃娃。

游戏目的：培养宝宝对语言的模仿和理解能力，提高社交能力。

妈妈宝宝一起玩

1. 妈妈拿出会说话的洋娃娃和宝宝打招呼，激发宝宝的兴趣。

2. 妈妈用语言鼓励宝宝与娃娃打招呼：“你好！”并以洋娃娃的身份送给宝宝礼物，说：“这是洋娃娃送给你的。”教宝宝拿着礼物学说“谢谢”。

3. 家庭与家庭之间也可以进行游戏。妈妈鼓励宝宝主动与其他宝宝打招呼，并互赠糖果，交换小礼物，同时学习礼貌用语“谢谢”。在游戏结束时，引导宝宝说“再见”，并做出相应的手势。

还能这样玩

设定不同的交往情景，在每一种情境下教宝宝不同的生活用语，巧妙利用宝宝的玩具，布置有趣的生活场景。

蒙氏箴言

在日常生活中，爸爸妈妈应鼓励宝宝与他人交往，理解成人的语言，能听懂简单的词语。此外，要让宝宝多看书，多给他讲故事。

温馨提示

学习语言在真实的环境下所取得的效果更加明显，因此妈妈要鼓励宝宝和同龄的小朋友一起做游戏，抓住合适的机会，通过反复的示范和练习，让宝宝掌握更多的生活技巧和交往礼仪。

爬行

关键词：肌肉力量、协调能力　客厅里的游戏

游戏准备：准备一些小玩具。

游戏目的：提高宝宝的运动智能。

妈妈宝宝一起玩

1. 妈妈将家里的地面、桌面打扫干净，给宝宝营造一个干净的探险地。

2. 在地面或桌角放一些宝宝平时玩的玩具，并且给宝宝穿上防护用的厚袜子或厚裤子等。

3. 妈妈可以在旁边引导宝宝，告诉他：“家里有大惊喜，快点搜宝藏。”宝宝就会在好奇心的驱使下寻找宝藏。

4. 如果屋里的光线不足，宝宝就会拒绝寻找，所以这时妈妈应该把灯打开或掀开桌布。让宝宝隐约看见宝物的踪影，激发宝宝寻找的动力。

还能这样玩

把枕头或海绵靠垫当做“面包”，让宝宝背着向前爬行，和妈妈比一比，看谁能保持“面包”不掉下去，还能以最快的速度到达目的地。

蒙氏箴言

督促宝宝早爬、多爬，可以促使宝宝身体协调能力快速发展，并且表现出求知欲强的特性，而不喜爬行或爬行少的宝宝多显示为表情呆板、动作迟钝、情绪低落等。同时，爬行好的宝宝不仅认知能力强，而且看图识字和发声能力都明显比不爬或少爬的宝宝发育得快且好，也为他今后的行走坐卧打下了坚实的基础。

小蜜蜂找朋友

关键词：自然认知、观察能力

客厅里的游戏

游戏准备：蜜蜂和花朵卡片。

游戏目的：让宝宝了解蜜蜂的生活习性，并指认蜜蜂，提高宝宝的观察能力。

妈妈宝宝一起玩

1. 出示卡片，念："小蜜蜂，嗡嗡嗡，飞到花丛中。小花朵，笑呵呵，点头欢迎小蜜蜂。"引导宝宝观看卡片，认识蜜蜂，如蜜蜂有两根长长的触角，有翅膀等。

2. 妈妈指着蜜蜂和花朵，告诉宝宝："蜜蜂和花朵是好朋友，花朵上有蜜蜂需要的花粉，蜜蜂可以用来酿造甜甜的蜂蜜。在蜜蜂采集花粉的时候，能帮助花朵传授花粉，花朵才可以结出果实。"

3. 最后，妈妈和宝宝可以播放音乐，唱着儿歌，跳一支蜜蜂舞。

还能这样玩

1. 妈妈可以准备一些蜂蜜给宝宝看，用蜂蜜和蜜蜂的关系引起宝宝的好奇心，并激发宝宝认识蜜蜂的兴趣。

2. 跳蜜蜂舞时，给宝宝戴一个蜜蜂头饰，这样宝宝跳舞的兴趣更浓。

3. 看卡片念儿歌时，妈妈还可以配合一些夸张的动作，吸引宝宝的注意。

蒙氏箴言

观察力的发展，对于获取知识、认识世界以及形成良好的心理素质有着极其重要的作用。通过游戏，宝宝不仅可以加深对蜜蜂的了解，还能知道有关蜜蜂的一些自然知识，激发宝宝的对神奇大自然的兴趣。

小鼓咚咚咚

关键词：节奏感、五官协调

客厅里的游戏

游戏准备：节奏欢快鲜明的音乐，一套小鼓玩具。

游戏目的：让宝宝接触简单的乐器，跟着音乐敲打乐器，锻炼宝宝的听觉敏锐力，促进宝宝手、眼、耳的协调发展。

妈妈宝宝一起玩

1. 妈妈变换不同的节奏敲击小鼓，引起宝宝的兴趣。

2. 引起宝宝的兴趣后，妈妈把小鼓和两只小棒放在宝宝面前，引导宝宝用小棒敲鼓。

3. 播放节奏欢快鲜明的音乐，妈妈握着宝宝的手随着音乐有节奏地敲打小鼓。

4. 让宝宝自由挥棒，先从单手敲鼓训练开始，熟练后再让宝宝双手敲击。

5. 宝宝掌握比较好时，让宝宝跟着音乐节奏敲打小鼓，妈妈在旁边拍拍手为宝宝打节拍。

还能这样玩

宝宝对能发出声音，尤其是好听的声音的玩具都会很感兴趣，妈妈可以为宝宝准备一些简单的乐器，比如口琴、铃铛等，培养宝宝对音乐的兴趣。

准备一些类似不锈钢杯的器皿让宝宝敲打，听一听这些器皿敲打出来的声音与鼓声有什么不同。

蒙氏箴言

刚开始游戏时，宝宝敲出来的鼓声是没有节奏的，妈妈不要着急，可以用手随着音乐打拍子，引导宝宝跟着音乐节奏敲打，多玩几次后，宝宝的鼓点就会越来越清晰，也能慢慢找准音乐的节奏了。这一过程有助于锻炼宝宝的听觉能力，培养宝宝的音乐素养。

小兔子蹦蹦跳

关键词：乐感、协调性

客厅里的游戏

游戏准备：歌曲《兔子舞》，兔子头饰。

游戏目的：借助音乐，对宝宝进行舞蹈熏陶，培养宝宝的乐感和动作的协调性。

妈妈宝宝一起玩

1. 妈妈让宝宝玩兔子头饰，给宝宝念《小白兔白又白》的儿歌。念到蹦、跳时，引导宝宝做出蹦、跳的动作。

2. 妈妈播放音乐，与宝宝一起欣赏节奏欢快的旋律，引导宝宝把自己想象为一只快乐的小兔子，在绿油油的草地上欢快地跳着舞。

3. 妈妈跟着音乐，踢踢腿、蹦一蹦、跳一跳。宝宝也跟着妈妈学一学吧。

4. 当宝宝能顺利掌握时，妈妈可以试着教宝宝兔子舞，或让宝宝跟着音乐来一场属于他的兔子舞。

还能这样玩

准备有关其他动物的歌曲，让宝宝创造更多的动物舞蹈，如《小蚂蚁》《袋鼠妈妈》。

妈妈教宝宝一些简单的动作后，可以鼓励宝宝试着编一些动作，开发宝宝的创造性思维和培养他的空间感。

蒙氏箴言

《兔子舞》节奏紧凑，如果宝宝不能很好地找到节奏点，妈妈可以拍手帮宝宝或选择节奏缓慢的音乐，尽量让宝宝跟上音乐节奏。让宝宝熟悉乐曲的旋律、结构与节奏，并能和着节奏掌握小兔“蹦、跳”两个基本动作，有助于提高宝宝的肢体协调能力，培养宝宝的律动能力。

给自己唱首歌

关键词：创造力、听觉记忆

客厅里的游戏

游戏准备：录音机。

游戏目的：让宝宝听自己的歌声，引起宝宝的好奇心，提高宝宝的听觉记忆力和辨别力，激发宝宝唱歌的兴趣。

妈妈宝宝一起玩

1. 鼓励宝宝唱歌，在宝宝唱歌的时候，妈妈用录音机悄悄将宝宝的歌声录下来。

2. 歌曲录好后，妈妈再给宝宝讲故事，趁宝宝不注意时，悄悄按下录音机的播放键，播放录下来的宝宝的歌声。

3. 妈妈装作很惊讶的样子问宝宝："谁在唱歌，怎么和宝宝唱的一样？"

4. 引起宝宝的好奇心后，妈妈告诉宝宝："录音机是个奇妙的机器，它可以录下所有的声音，包括宝宝的声音。"

5. 引起宝宝的兴趣后，妈妈再请宝宝唱首歌，看看这次录音机会不会录下宝宝的声音。

还能这样玩

可以将宝宝的笑声、哭声等声音录下来，一段时间过后，播放给宝宝听，让宝宝辨别声音中的不同情绪。

妈妈可以趁宝宝不注意时，悄悄录下宝宝喜欢的一首歌，等过一两天再播放给宝宝听，引导宝宝跟着录音一起唱。

蒙氏箴言

宝宝对声音很敏感，妈妈可以录下自己唱给宝宝听的歌曲或给宝宝讲故事的声音，再播放给宝宝听，锻炼宝宝的听觉辨别力、音乐的感知力和记忆力。让宝宝听自己唱的歌曲或发出的声音，可以激发他唱歌的兴趣，有助于音乐素养的培养，提高听觉记忆的持久性。

音乐里的颜色

关键词：想象力、好情绪

客厅里的游戏

游戏准备：不同类型的音乐，画纸以及油画棒。

游戏目的：引导宝宝用涂鸦的方式将情感丰富的音乐用不同的色彩来表现，培养宝宝对音乐的兴趣，促进宝宝想象力的发展。

妈妈宝宝一起玩

1. 游戏之前，妈妈和宝宝先讨论一下各自印象比较深的歌曲有哪些，并描述一下听到这些歌曲的时候自己是快乐的还是忧伤的。

2. 妈妈播放音乐，每听完一首，妈妈就和宝宝讨论这首音乐在自己心中引起的情感反应。

3. 讨论过后，将这些音乐重新播放一遍，这一次倾听音乐的时候，妈妈和宝宝选择不同颜色的油画棒在画纸上画出自己的感受，可以是一条线，也可以是具体的图案。

4. 画完之后，在重复的背景音乐下，妈妈和宝宝一起分享自己的图画，并交流各自图画的内容和表达的意思。

还能这样玩

妈妈和宝宝一起动手，整理听音乐时画好的图，写下“某某音乐曲，并标注好年月日”等，作为宝宝成长的纪念。

蒙氏箴言

游戏开始时，妈妈可以给宝宝准备一首简单，以叠词或象声词居多的儿歌，便于宝宝理解和想象；等宝宝熟悉游戏内容后，再慢慢增加音乐数量。让宝宝听音乐选颜色画图，可以培养宝宝的音乐欣赏能力，促进宝宝音乐素养的发展。爸爸妈妈可多陪宝宝听听歌、唱唱歌。

第二章

玩在书房

小白兔吃草

关键词：精细动作、动手能力

游戏准备：一张绿色的彩纸，四只用白纸剪的小兔子，胶水。

游戏目的：让宝宝学习粘贴的方法，训练精细动作。

妈妈宝宝一起玩

1.妈妈先对宝宝说一个谜语："有种动物爱吃草，耳朵长长尾巴短，蹦蹦跳跳惹人爱。"

2.当宝宝猜出谜底是小兔子之后，妈妈就可以拿出绿色的彩纸和准备好的小兔子，并对宝宝说："这就是绿色的草地，我们赶快将小兔子粘在上面，让它们吃个饱吧！"

3.与宝宝一同将小兔子粘在纸上，等粘好之后，妈妈就可以将宝宝粘的画挂起来，并用小兔子的口吻说："青草真好吃，谢谢小朋友！"

温馨提示

宝宝在粘贴的过程中可能不会找到准确的位置，需要妈妈在一旁指导完成后，妈妈要夸奖宝宝，增强宝宝的自信心。

蒙氏箴言

让宝宝学会仔细观察事物，是为了让宝宝能够学到更多有用的知识，让宝宝能够养成做事认真仔细的好习惯。

妈妈读儿歌

《儿歌》

小兔子，白又白，
两只耳朵竖起来，
爱吃萝卜爱吃菜，
跑起路来真叫快。

开饭啦

贴脸谱

关键词：熟悉五官、观察能力

书房里的游戏

游戏准备：一个画好的、五官可以移动的脸谱。

游戏目的：让宝宝明确知道五官的准确位置，同时提升宝宝的观察能力。

妈妈宝宝一起玩

1. 妈妈将画好的脸的雏形放在宝宝面前，并和宝宝一同摆放五官，先摆好眉毛，再摆眼睛、鼻子、嘴、耳朵。

2. 也可以让宝宝闭上眼睛摸妈妈的脸，摸到眼睛的时候就让宝宝说出眼睛的名称，然后再让宝宝睁开眼睛，将脸谱上的眼睛贴好。

3. 如果宝宝摆错了位置，可以让宝宝摸摸自己的脸，再让宝宝看看妈妈的脸，然后再将器官摆放到准确的位置上。

还能这样玩

宝宝面对面，一边拍手一边唱儿歌，唱到“亲亲”时亲亲儿歌中提到的宝宝的五官。

蒙氏箴言

这个阶段的宝宝好奇心很强，而正是由于这种强烈的好奇心，也让宝宝十分喜欢学习。在这个阶段，培养宝宝的观察能力对今后的发展具有重要的作用。因此，爸爸妈妈一定要抓住这个时机，有意识地培养宝宝一些良好的行为习惯。

妈妈读儿歌

一花开，二花开，三开亲亲小脸蛋；
一花开，二花开，三开亲亲小眉毛；
一花开，二花开，三开亲亲小眼珠；
一花开，二花开，三开亲亲小鼻尖；
一花开，二花开，三开亲亲小嘴巴。

插木桩

关键词：协调能力、握笔姿势 书房里的游戏

游戏准备：两支标准的铅笔，一个稍大的硬纸盒。

游戏目的：训练宝宝手部肌肉的协调能力，练习正确的握笔姿势。

妈妈宝宝一起玩

1. 妈妈要先将这两支铅笔分成等长的4节，并在纸盒上剪出相应的洞穴，将纸盒洞穴朝上放好，用握笔的方法让宝宝把铅笔插进纸盒的洞穴。

2. 妈妈可以先手把手地教宝宝怎样握笔、怎样插，然后再让宝宝自己操作。

3. 插完之后，让宝宝用左手将笔从洞穴中拔出，为下一次操作做准备。

蒙氏箴言

有的宝宝由于手部的肌肉没有发育完善，手部还没有握住笔的力量，那么就需要借助一些工具或游戏来锻炼宝宝的手部肌肉灵活性，并训练宝宝手眼协调的能力，让宝宝学会握笔的姿势，然后再慢慢地让宝宝练习写字或画画，逐步让宝宝掌握书写的能力。

温馨提示

宝宝已经有了用笔书写的意识，那么父母应该为宝宝准备笔筒和文具盒了，并且教会宝宝将自己的用完的铅笔、蜡笔插回到笔筒中，将文具放在文具盒中摆好，让宝宝养成良好的习惯。

过家家

关键词：语言交流、人际交往　书房里的游戏

游戏准备：积木，小塑料铲，小塑料桶，塑料刀与塑料叉子，纸盘子。

游戏目的：激发宝宝说话的兴趣，让宝宝学会用语言交流。

妈妈宝宝一起玩

1. 妈妈先与宝宝一起用积木搭建房屋，在搭建房屋的时候，可以和宝宝进行对话，如“宝宝想要建一间什么样的房子呢？”问宝宝一些问题，让宝宝与妈妈交流。

2. 然后开始过家家，在游戏的过程中，妈妈可以让宝宝扮演娃娃的父母，妈妈扮演邻居妈妈，和宝宝借一些物品，看看宝宝是怎样回答，并根据宝宝对语言的理解程度，与宝宝说一些日常生活中经常会说到的话题。

蒙氏箴言

当爸爸妈妈在与宝宝交流时，不要用成人的语气和标准来衡量宝宝，要在宝宝的语言环境中进行对话，让宝宝在轻松的氛围中说话，要让宝宝觉得和爸爸妈妈说话是一件十分开心的事情，这样宝宝在今后和他人说话也会很自如，从而不知不觉地提高语言表达能力。

妈妈读儿歌

《过家家》

你来做爸爸呀，我来做妈妈，
我们一起来，来玩过家家，
炒小菜，炒小菜，炒好小菜开饭了，
小菜炒好了，味道好极了，
娃娃肚子饿了，我来喂喂他。

一起来作画

关键词：绘画兴趣、精细动作

书房里的游戏

游戏准备：两只不同颜色的笔，白纸。

游戏目的：激发宝宝对绘画的兴趣，训练宝宝手部的控制力，锻炼手的精细动作。

妈妈宝宝一起玩

1. 让宝宝自己选择一种颜色的笔，然后与妈妈一起在纸上画毛线。毛线是长长的，可以让宝宝随意画毛线的走向，从上到下，从左到右都可以。

2. 也可以让宝宝画栏杆，或是弯弯曲曲的小路。

3. 妈妈在看宝宝画画的时候，还可以说一些有意思的语言，从而增加宝宝的想像力，提高宝宝对画画的兴趣。

还能这样玩

妈妈示意宝宝用一只手蘸取红色的颜料，印在白纸上，用另一只小手蘸取另外一种颜色的颜料印在白纸上，双手随意印画，最后一起欣赏宝宝的大作，让宝宝说出画的是什么图案。

蒙氏箴言

幼儿时期是宝宝画画的涂鸦期，宝宝只懂得尽兴涂抹，笔下的“作品”没有具体形象，纸上只有各种各样的线。一些家长会认为宝宝是在胡乱涂画，其实这是这个阶段宝宝绘画的真实体现，动手画画这就是一个好现象。

温馨提示

宝宝画画时请不要打扰。画好后听宝宝讲一讲画的是什么，并适当进行鼓励。不要过分引导宝宝画什么、怎样画。

小鱼吐水泡

关键词：手部肌肉、手眼协调

书房里的游戏

游戏准备：几支不同颜色的铅笔，白纸。

游戏目的：锻炼宝宝手部的肌肉与手眼协调的能力。

妈妈宝宝一起玩

1. 妈妈在白纸上画几条小鱼，然后对宝宝说："小鱼在水中游来游去，还会吐出很多的小水泡，咱们一起给小鱼画上小水泡吧！"

2. 让宝宝选择一支自己最喜欢的颜色的铅笔，妈妈先示范怎样画圆圈，然后让宝宝照着妈妈画的圆圈进行临摹，告诉宝宝在画圆圈的时候一定要首尾相接，不能出现空隙。

3. 宝宝可能画得不是很圆，但也不能嘲笑宝宝，要鼓励宝宝把圆圈画更加漂亮。

蒙氏箴言

对于宝宝来说，眼前一切都是新鲜的，当他在学习到各种的本领后，同样还有继续学习的欲望。这时爸爸妈妈要抓住宝宝的这个想要学习的阶段，教宝宝更多比较难的本领，既满足宝宝学习的欲望，又能让宝宝掌握更多的知识，因此，爸爸妈妈一定不要错过宝宝想要学习的阶段，教授宝宝更多的知识。

温馨提示

如果宝宝喜欢鱼，可以在家中养一些漂亮的观赏鱼，美化环境的同时，为宝宝提供学习生活知识和认识大自然的素材，有利于宝宝的成长。

画格子

关键词：手部控制能力、绘画　书房里的游戏

游戏准备：多种颜色的铅笔，几张白纸。

游戏目的：让宝宝练习画横线与竖线，锻炼宝宝手部的控制能力。

妈妈宝宝一起玩

1. 妈妈先给宝宝做示范，先由左至右画一条横线，再由上到下画一条竖线，这样在纸上画出一些格子。

2. 让宝宝挑一支自己喜欢的颜色的铅笔，在白纸上进行模仿，尽量要让宝宝将横线和竖线画直，让宝宝注意画线条的顺序。

3. 等到宝宝学会画格子之后，就可以让宝宝画窗户、门、手绢等物体。

4. 可以和前面画“小鱼吐水泡”的游戏结合，在练习画图和画格子的技巧的过程中学会区分。

还能这样玩

在家中选一块较大的空地，在地上画出几个较大的有一定间距的格子，和宝宝一起玩“格子游戏”，比一比，谁能更快走到另一个格子里。

蒙氏箴言

锻炼宝宝的手部力量，这样宝宝在握笔时则会更稳，控制力更强。正确握笔是宝宝书写的前提，因此，爸爸妈妈不要忽略了对宝宝手部肌肉的训练，通过一些锻炼让宝宝的手部肌肉变得有力量，这样也就让宝宝早日能够握笔写字了。

糖葫芦

关键词：顺序、手部控制能力

书房里的游戏

游戏准备：红色的彩笔，画好糖葫芦棍的纸张若干。

游戏目的：培养宝宝画圆的能力，让宝宝懂得有顺序地画画。

妈妈宝宝一起玩

1. 妈妈先对宝宝说："秋天的果园里收获了很多的山楂，为了让小朋友们都喜欢吃山楂，果园里的叔叔阿姨将山楂都串成了糖葫芦，可是他们太忙了，还有很多都没有串完，咱们一起来帮忙好吗？"

2. 得到宝宝肯定的回答后，妈妈可以先给宝宝示范糖葫芦的画法，由上到下一个接一个地画圆，直到画完为止。

3. 然后让宝宝亲自动手画画。要让宝宝按照顺序画，并鼓励宝宝画完。

4. 也可以让宝宝画小花、小太阳、棒棒糖等圆形的东西，让宝宝反复地练习画圆。

蒙氏箴言

宝宝喜欢观察和探索，当观察到一件新鲜的事物后就会不停地摆弄。这时爸爸妈妈应有意识地让宝宝注意观察，然后通过画画的方式看看宝宝是否做到认真的观察。如果宝宝画得不准确，妈妈要及时纠正，并让宝宝再仔细地观察一下实物与自己画的有什么不同，从而加强宝宝的观察力。

妈妈读儿歌

《糖葫芦》

一串山楂挂层冰，
颗颗红润圆滚滚，
冷风吹来亮晶晶，
拿在手中咬一口，
又酸又甜脆生生。

一串糖葫芦

酸酸甜甜的糖葫芦真好吃，快给糖葫芦涂上颜色吧！

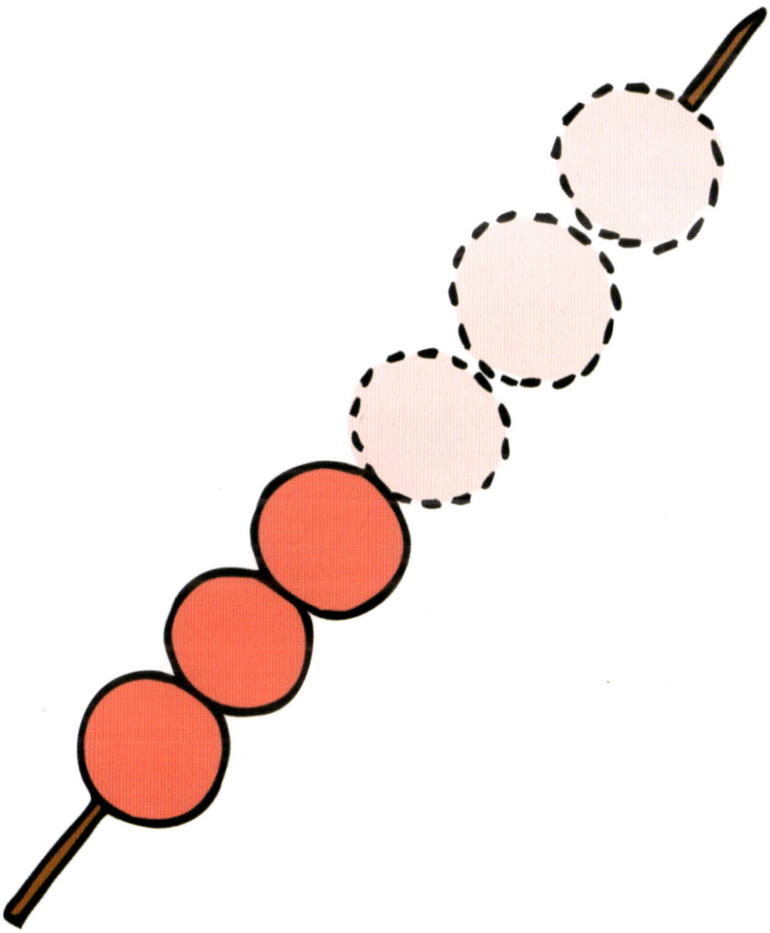

图形门

关键词：认知能力、分辨力　书房里的游戏

游戏准备：不同形状的图形卡片各一张，认知相匹配的各图形模板。

游戏目的：提高宝宝认识图形的能力，以达到增强认知能力的效果。

妈妈宝宝一起玩

1. 准备一些形状不同的卡片，如三角形、正方形、圆形、长方形、心形等，作为钥匙，人手一个，如宝宝拿心形、妈妈拿圆形、爸爸拿三角形。

2. 各自在图形模板上找到属于自己的大门。现在就可以开始了……不一会，爸爸、妈妈和宝宝都找到了属于自己的那扇门。

温馨提示

在宝宝找对应的图形之前，应让他充分触摸图形模板。纸板上的图形一定要涂上鲜亮的颜色。

蒙氏箴言

这个游戏可以很好地教宝宝认识不同形状的图形。随着游戏次数的增加，妈妈可以加大游戏的难度，这样不仅可以提高宝宝对图形的认知能力，也能将宝宝的兴趣度集中起来。

妈妈读儿歌

《圆圆歌》

苹果圆圆脆又甜，
烧麦圆圆软又咸；
蛇螺圆圆地下转，
气球圆圆飞上天；
月亮圆圆镜一面，
太阳圆圆暖人间。

小猴子吃饼干

小猴子喜欢吃和自己嘴巴形状一样的饼干，小朋友来帮它们找到自己喜欢吃的饼干吧，用线连起来。

开动小火车

关键词：书写能力、观察能力

书房里的游戏

游戏准备：毛笔，宣纸。

游戏目的：让宝宝通过描笔画，提高书写能力。

妈妈宝宝一起玩

1. 准备几张“大字”，如标准的偏旁部首等。

2. 将这些笔画画成空心的，同时在起笔处标记一个“起始箭头”，在终止的笔画处标记“结束箭头”。

3. 当准备工作进行完毕以后，妈妈就可以请宝宝顺着笔画的起始位置开始“画”字，前提是不可以碰到黑线。

4. 宝宝在描字的时候，妈妈可以边上配合着生动的语言“哄嚓哄嚓，开车喽，要当心”。

5. 父母还可以为宝宝准备亲手制作的子贴，将简单易学或形象有趣的字写在子贴里让宝宝临摹。

蒙氏箴言

在“画”字的过程同时也是训练宝宝观察能力和注意力的过程。这个游戏够提高宝宝的控制手的快速反应能力和手眼协调能力。同时可以很好地教会宝宝的书写汉字的正确顺序，对于宝宝今后认识汉字和提高书写兴趣都有一定的益处的。

温馨提示

准备的“大字”要简单，笔画要少一些，如“单立人”“艹”“口”等，即使宝宝在描字的时候碰到了黑线，妈妈也不要斥责宝宝，要鼓励宝宝继续下去，不能半途而废。

小诗的用途

关键词：书写能力、语言能力

书房里的游戏

游戏准备：一首小诗。

游戏目的：让宝宝通过游戏的进行，提高自身的书写能力。

妈妈宝宝一起玩

1. 妈妈先教宝宝一首小诗，如《小儿垂钓》，将这些字写在卡片上，先教宝宝读，再告诉宝宝这些句子的意思。

2. 妈妈读一句，宝宝做动作。这样的游戏形式有趣极了。

3. 妈妈读："蓬头稚子学垂纶"，宝宝拿着棍子向前走；读到"侧卧莓苔草映身"的时候，宝宝可以躺在草坪上做垂钓状……宝宝的这些动作真是非常可爱。同时，在游戏的过程中，宝宝也学会了好多字。

蒙氏箴言

背唐诗可以锻炼宝宝的记忆力。唐诗有些篇章与儿歌相似，宝宝记忆能力好，很容易背会。背诗歌不仅是对语言能力的训练，还可以为宝宝将来学习汉语打下基础。学龄前阶段背些诗歌，可以使宝宝提前接触汉语知识，此外，唐诗还可以让宝宝受到美感和韵律的熏陶。

妈妈读儿歌

《小儿垂钓》

蓬头稚子学垂纶，
侧坐莓苔草映身。
路人借问遥招手，
怕得鱼惊不应人。

找字游戏

关键词：书写能力、认知能力

游戏准备：识字积木。

游戏目的：让宝宝通过游戏的进行，提高书写能力。

妈妈宝宝一起玩

1. 妈妈先给宝宝做个示范：用识字积木示范一个“相”字，然后把积木打乱，让宝宝按照记忆，将字恢复。

2. 完成情况好的宝宝，妈妈可以直接向宝宝展示字卡，让他在积木中找出相应的部分尝试拼接。但妈妈需要注意，文字的组成一定要从笔画简单的开始，同时注重重复性。例如：一组游戏的汉字是“过、连、迎、达”等“辶”的，另一组也可以是其他形式。

蒙氏箴言

3岁左右的宝宝，手部动作发育还不能很好地支持他书写复杂的汉字笔画和符号，但他的认知程度又非常好。为了解决宝宝的这种用文字表达的困难，妈妈可以用识字积木或磁性贴来帮助宝宝学习。

迎

温馨提示

父母可以为宝宝制作识字卡片或者识字图片挂在墙上，让宝宝时不时地复习一下，在感受家庭氛围的同时学习，一定起到会事半功倍的效果。

拼字游戏

关键词：书写记忆、手部触感及灵活性

书房里的游戏

游戏准备：汉字字卡。

游戏目的：培养写字兴趣，锻炼手部触感及灵活性，建立书写记忆。

妈妈宝宝一起玩

1. 妈妈将准备好的汉字字卡放在宝宝的面前，妈妈和宝宝面对面坐下。

2. 妈妈说一句话，小白兔白又白。宝宝根据妈妈的话，从字卡中找出相应的字卡，并拼接成简短的句子，如爱吃萝卜爱吃菜。

3. 如果宝宝拼接对了，妈妈要给予适当的鼓励和称赞。

4. 当宝宝能够顺利拼接短句时，妈妈可以增加游戏的难度，例如，拼接短诗，以及自由创编故事。

蒙氏箴言

玩这个游戏时，妈妈还可以借用带有图画的汉字字卡，这样宝宝可以按照图画来选择相应的汉字字卡。遇上天气不好，不宜外出的节假日，这个游戏是父母与宝宝最好的选择之一。借助这个游戏还能锻炼宝宝的想象力，培养良好的亲子情感。

妈妈读儿歌

《识字儿歌——二》

上横短来下横长，
二成对来两成双。
一双鞋子两只脚，
一对老虎两只羊。

学汉字

关键词：书写能力、想象力　书房里的游戏

游戏准备：无。

游戏目的：提升宝宝的书写能力。

妈妈宝宝一起玩

生活是宝宝最好的老师。家里有很多事物都可以成为宝宝学习的工具。当然，学习汉字也不例外。妈妈可以指着家里的门对宝宝说："这是门。"同时配合着将"门"的汉字给宝宝展示出来，让宝宝在脑海中形成印象，汉字的"门"和实物的"门"。

实验证明，当宝宝还处于襁褓中的时候，妈妈就可以教他辨认实物，如沙发、桌子、电脑、椅子等等。所以，妈妈何不利用宝宝的这个特点，教他辨认汉字。同时这个过程对宝宝今后的学习也有一定的帮助。

蒙氏箴言

教宝宝认识汉字的时候，妈妈可以在一边展示实物，这样就可以让宝宝对实物和汉字产生联想。这种方法可以较快地让宝宝认识汉字，还不会认为这是一件痛苦的事。妈妈也可以改变一下游戏的种类，给宝宝看实物的时候，同时展示给他汉字的名称，这样可以很快教会宝宝汉字的结构。

妈妈读儿歌

《汉字笔顺歌》

先是横来后是竖，
先是撇来后是捺，
左到右，上到下，
先里头，后封口，
先中间，后两边，
小朋友们记住啦！

看图识字

山

床

日

花

对应数字

关键词：认知能力、数量关系

游戏准备：数字卡片，以及相应数量的动物形状卡片。

游戏目的：训练宝宝掌握数量、数字间的关系。

妈妈宝宝一起玩

1. 妈妈拿出1～10的数字卡片，让宝宝读一读。

2. 再拿出动物卡片，引导宝宝说出卡片上动物的名称和数量。

3. 让宝宝将相对应的数字卡片和动物卡片放在一起。

4. 游戏结束后，妈妈和宝宝一起将卡片收拾起来。

还能这样玩

把数字卡片夹在字典中，拿出动物形状卡片，让宝宝从字典中找出相应的数字卡，并在妈妈的协助下，按顺序排列起来。

蒙氏箴言

游戏的道具是可以改变的，比如，将他们换成不同形状的弹珠或是其他玩具。让宝宝以此来培养自身的认知能力，这对他将来的学习也是有一定的帮助的。

妈妈读儿歌

《数字歌》

一什么一，铅笔一；
二什么二，鸭子二；
三什么三，蝴蝶三；
四什么四，帆船四；
五什么五，钩钩五；
六什么六，哨子六；
七什么七，拐杖七；
八什么八，眼睛八；
九什么九，气球九；
十什么十，一根棒子打气球。

数字配对

看看图里有几顶帽子，几只香蕉。

电话簿

关键词：手指力量、语言表达能力

书房里的游戏

游戏准备：玩具电话两部，纸、笔、动物玩具若干。

游戏目的：发展宝宝手指的力量，同时提高语言表达能力。

妈妈宝宝一起玩

1. 妈妈和宝宝同时拿起玩具电话，拉开一定距离。

2. 妈妈在电话里和宝宝模拟说话："喂喂喂……"，叫宝宝的名字，问候宝宝的玩具，说一些生活中常对宝宝说的话，眼睛看着宝宝，观察宝宝的反应。

3. 把电话放回电话机时，要对宝宝说再见，并教会宝宝把电话放好。

4. 妈妈对着电话和宝宝说话，会让宝宝感到不解和好奇。妈妈这时要告诉宝宝，这是在打电话，鼓励宝宝对着电话听声音。等妈妈多次示范后，宝宝就会对电话产生浓厚的兴趣。

还能这样玩

1. 妈妈对宝宝说："今天我们召开动物联欢会，宝宝，你把小动物的电话写下来，我们知道电话号码就能邀请它们来做客了。"

2. 让宝宝在纸上写下小动物的电话号码，并给小动物打电话。

3. 宝宝在打电话的时候，妈妈可以扮演小动物和宝宝对话。

蒙氏箴言

鼓励宝宝给爸爸打电话，让宝宝学会在电话中与人交谈，锻炼宝宝的交际能力，培养宝宝的电话礼仪；还可以鼓励宝宝给爷爷奶奶打电话，培养宝宝对亲人的良好感情。让宝宝按键，可加深宝宝对数字的认识，为宝宝数学智能的发展打下基础。

电话号码

看看下图，电话号码是多少？在对应的电话键盘中用笔圈起来。

18246731508

读书趣闻

关键词：学习能力、理解能力　书房里的游戏

游戏准备：宝宝喜欢的图画书。

游戏目的：培养宝宝读书的兴趣和耐心。

妈妈宝宝一起玩

1. 给宝宝一本图画书，最好是宝宝以前没有看过，而又想看的图画书。

2. 让宝宝自己阅读图画书，在阅读的过程中，妈妈要给宝宝布置任务，比如，这本书讲的是什么，他的主人公是谁，谁在这个图画书中担任反面角色等等。

蒙氏箴言

早教专家表示，别小看这短短的讲故事时间，它不仅能让宝宝安静入睡，而且有助于提高宝宝的理解力，对宝宝的智力发展有明显促进作用。

通常，年幼的宝宝识字有限，精美的插图难以全面地传达故事内容，而宝宝的学习能力、理解能力都需要后天的培养，因此，父母的用心讲解就成了宝宝扩大书本知识面最有效的途径。所以，父母能较早地重视宝宝的阅读需求、求知欲望，将对宝宝今后的智力开发有很大的促进作用。

温馨提示

通过这个游戏，宝宝可以慢慢地养成良好的读书习惯，同时为他将来的学习增添一份光彩。妈妈不妨多进行几次这样的游戏，减少单纯的娱乐时间。

学古诗

《登鹳雀楼》

白日依山尽，
黄河入海流。
欲穷千里目，
更上一层楼。

——王之涣

数字卡片的魔幻组合

关键词：语言能力、数字

书房里的游戏

游戏准备：数字卡片。

游戏目的：通过游戏的进行，让宝宝学会3位数的读法，从而提高自身的语言能力。

妈妈宝宝一起玩

1. 妈妈和宝宝坐在一起，将事先准备好的数字卡片打乱顺序放在桌子上。

2. 让宝宝用抽签的形式，完成这个游戏。游戏的规则是，妈妈和宝宝轮番抽数字卡片，将它们按照先后的顺序组合在一起，由宝宝念出他们是什么，如598、407等。

3. 读完之后，就要将这些卡片放回原来的数字卡片堆里。再进行下一轮游戏。

还能这样玩

妈妈说出一个三位数，让宝宝在卡片中找出妈妈说的三个数字，并按照妈妈说的顺序排列出来。

蒙氏箴言

这个过程是随机的，而且妈妈在读字的时候，一定要清晰准确，给宝宝做个良好的示范，同时数字组的长短也要有循序渐进，随着游戏次数的增加，妈妈就可以加大游戏的难度，可以将游戏的数字组增长到4位、5位等。当宝宝说正确的时候，妈妈要适时给予宝宝鼓励。

温馨提示

单纯教宝宝数数是一件枯燥的事，要想让宝宝乖乖地学习数数，就要想办法让他感兴趣，在快乐中学习。设计一些有趣的游戏，调动宝宝的积极性。

正确的书写姿势

关键词：书写能力、书写姿势

书房里的游戏

游戏准备：纸，笔。

游戏目的：教会宝宝正确的书写姿势，从而提高自身的书写能力。

妈妈宝宝一起玩

5、6岁宝宝在书写汉字的时候，还不能很好地掌握字的大小，总是弄得大小不一、七扭八歪的。这时妈妈根据宝宝的这个特点，一定要先教他正确的书写姿势，在进行游戏的时候，妈妈可以参考下面的书写姿势来教宝宝书写。

头正：在书写时，头一定要摆正，不能向左或是向右偏，身体略微前倾，保证眼睛距书本30厘米左右。

身直：挺胸，撑直背，胸口离桌沿10厘米左右。

肩平：双肩要齐平，不能一边高，一边低。

臂开：所谓臂开就是两臂自然张开，左手五指伸开按纸，右手书写。

足安：双脚自然平放在地，双脚之间的距离与肩同宽，脚尖和脚跟同时着地。

蒙氏箴言

根据上面的正确书写姿势来教宝宝，能够避免将来宝宝驼背的不良结果，同时宝宝在书写的时候，对各种书写工具也是非常感兴趣，妈妈可以通过这种方式来吸引宝宝学写字。

妈妈读儿歌

《写字歌》

我们学写字，习惯很重要，
身正肩要平，臂开两足安，
笔笔用心写，功到自然成。

写名字

关键词：书写能力、自尊心

游戏准备：干净的地板，纸，笔。

游戏目的：让宝宝学会写自己的名字，从而提高自身的书写能力。

妈妈宝宝一起玩

1. 给宝宝做示范，将写好的宝宝的名字放在一边让宝宝照着写。

2. 教宝宝简单的书写顺序。

3. 纠正宝宝拿笔的姿势，宝宝的手原本就小，刚开始可能会很不适应，所以要对宝宝的握笔姿势严格要求，当然还有正确的坐姿，这对宝宝的身体发展都是有好处的。

蒙氏箴言

在进行这个游戏的时候，妈妈应该认真一些，如果给宝宝起的是比较繁琐，或是新颖的名字，不是所有人都知道，为了宝宝能够更好地融入学校生活，妈妈还是应该仔细教导宝宝书写自己的名字，这样为他能够更好地适应集体生活增添了便利。

温馨提示

宝宝即将进入幼儿园阶段学习，当一个宝宝可以成功地写出他自己的名字，将得到老师的一致好评，并且可以建立宝宝的自尊心。父母可以通过一些简单的措施，帮助宝宝书写自己的名字。

我的名字

英文字母

关键词：书写能力、快速记忆

书房里的游戏

游戏准备：英文字母卡片，英文本，笔。

游戏目的：通过游戏的进行，让宝宝学会书写英文字母，从而提高自身的书写能力。

妈妈宝宝一起玩

1. 为了增加游戏的趣味性，吸引宝宝的注意力，妈妈可以采用“抽奖”的方式进行游戏，就是让宝宝在26张卡片中抽取，抽到一张，妈妈先教宝宝字母的读法，再给宝宝示范如何写。

2. 当宝宝能够熟练掌握26个英文字母之后，由宝宝手动抽取。当宝宝正确读出并写出时，妈妈一定要及时鼓励宝宝。

还能这样玩

将英文字母卡片的大小写打乱，妈妈找出一个大写字母，让宝宝找出对应的小写字母。宝宝准确地找出后，妈妈要及时鼓励宝宝，以增强宝宝学习的兴趣。

蒙氏箴言

如果宝宝一天不能记住8个英文字母，可以适量减少，但也不能少于6个。同时，为了加深宝宝的印象，妈妈可以给宝宝通过形象的图示，帮助宝宝快速记忆。

温馨提示

生活中到处都有英语字母，父母不用拘泥于具体的学习时间，可以随时随地指出身边的英语字母，和宝宝一起学习、一起复习。

认识字母

和妈妈一起读一读，写一写。

A　B　C

D　E　F

G　H　I

拼版图

关键词：想象力、创新能力　　书房里的游戏

游戏准备：4块正三角形积木和4块直角三角形积木。

游戏目的：让宝宝充分发挥想象，增强创新能力。

妈妈宝宝一起玩

1. 妈妈先给宝宝做示范，用积木拼出各种各样的形状。

2. 然后让宝宝自己学着拼拼图，如果宝宝还不能很好地领会，妈妈可以先引导宝宝动手，反复几次，直到宝宝能够有意识地拼出图形来为止。

还能这样玩

随着宝宝年龄的增长，可以增加拼图的复杂程度，如增加拼图块数、提高图片内容的复杂性，为宝宝早期数学的读写能力打下基础，也会促进宝宝的观察能力、分析能力、动手能力、图形颜色认知能力的发展和提高。

蒙氏箴言

对于宝宝来说，拼版图不仅是一种简单地把积木拼合和分开的过程，也是通过拼图教会宝宝另一种方法，让宝宝通过游戏领悟知识。在游戏的过程中，不仅能让宝宝学习到丰富的知识，也能让宝宝通过拼图感受到不一样的快乐，同时还能锻炼宝宝的手部灵活性，让宝宝的观察力和注意力都得到很好地提升。

妈妈读儿歌

《搭积木》

红红的绿绿的积木，
方方的圆圆的积木，
来搭滑梯滑下去，
搭飞机飞起来，搭汽车开起来，
搭楼房住进去，大家来搭积木。

比较书本

关键词：感官发展、观察能力

书房里的游戏

游戏准备：薄厚不同的书等。

游戏目的：让宝宝正确区分薄与厚。

妈妈宝宝一起玩

1. 准备几本薄厚不同的书。

2. 让宝宝拿一本书，妈妈拿一本更厚一点的书，把两本书放在一起，让宝宝观察，并告诉宝宝说："我的书比你的书厚"或"你的书比我的书薄"。

3. 然后，鼓励宝宝寻找一本更厚的书，鼓励宝宝也说："我的书比你的厚"或"你的书比我的书薄"。

4. 妈妈可以再找一本更厚的书，依此类推，增加宝宝对游戏的兴趣，并让宝宝在此过程中认识厚和薄。

还能这样玩

这种游戏也可以用于比较被子、纸张等其他物品。如妈妈将薄厚不同的两床被子叠好放在一起，让宝宝摸一摸、比一比这："这床被子厚，这床被子薄。"然后再拿出一床更厚的被子，让宝宝观察哪床最厚，鼓励宝宝指出来。

蒙氏箴言

通过实物的游戏，可以将抽象的数学概念物化，通过比较的方法刺激宝宝的视觉等感官发展，让宝宝学会了辨别物的特征；同时培养宝宝对事物的观察、理解能力，激发宝宝创造性思维及逻辑性思维的发展，为宝宝将来数学的学习奠定良好基础。

温馨的大家庭

关键词：视觉认知、情商培养

书房里的游戏

游戏准备：妈妈可以准备几本相册，如人物照（宝宝的、爷爷的、爸爸的、奶奶的、姥姥的等），风景照（花、草、山、树等等）。

游戏目的：通过观看相册，提高宝宝的视觉认知能力，强化宝宝情商。

妈妈宝宝一起玩

1. 给宝宝看妈妈的大照片。

2. 妈妈示范发出“妈-妈”的声音，逗引宝宝注视妈妈的口形，逗引宝宝模仿。

3. 妈妈再指着爸爸的大照片，同样让宝宝注视，逗引他(她)模仿发出“爸-爸”的音。每发一个重复音节后，应停顿一下，让宝宝有模仿的机会。

4. 爸爸也可以参与进来。妈妈抱宝宝，就让宝宝模仿妈妈发音，爸爸抱宝宝，就教宝宝模仿爸爸发音。

还能这样玩

妈妈还可以给宝宝看大幅图片或图书上的常见动物如鸡、鸭、猫、狗，给宝宝模仿这些动物的叫声，吸引宝宝注意力。但是模仿动物叫时，不要太大声，避免惊吓到宝宝。

蒙氏箴言

照片是宝宝生活中常见的事物，是帮他们回忆亲身经历的主要手段，宝宝看到自己的照片会产生强烈的表达欲望。这不仅能发展宝宝的语言表达能力，还能增进家长与宝宝之间的情感沟通。

温馨提示

新鲜的事物总是最能引起宝宝注意，宝宝在学习语言过程中通常是看着妈妈的表情进行的，所以丰富的表情更能增加宝宝说话的兴趣。

全家福

找对应

关键词：思维能力、观察能力　书房里的游戏

游戏准备：一把剪刀和一些彩色的纸。

游戏目的：让宝宝从游戏中感受不同的形状并一一对应，能够很好地促进宝宝的思维能力。

妈妈宝宝一起玩

1. 将彩纸铺在地上，然后将宝宝的小手或小脚放在彩纸上，用笔把宝宝的手和脚的轮廓描下来，之后用剪刀剪下来。

2. 用上述的方法，妈妈可以再剪下一些其他的东西形状，用来模糊宝宝的视线。

3. 把这些剪好的图案铺在地上，要求宝宝找出自己的手和脚的图案，看看哪些能对上，哪些又不能对上，那对不上的图案又是什么东西呢？

还能这样玩

家长要找一个圆形的东西时，让宝宝拿出皮球或其他圆形物品来对应；当宝宝看到毛毛虫时能想到蝴蝶；当宝宝看到警车时能联想到警察。说明宝宝有较高的对应能力，宝宝可以正确地判断出人、事、物之间的相互联系。

蒙氏箴言

这个游戏能够很好地促进宝宝的思维能力，根据他不同的观察结果，找出一一对应的图案，这是一件非常了不起的过程。

温馨提示

在我们日常生活中就有许许多多的对应物品，如：摆放碗筷、牙膏和牙刷、鞋子配对、门锁和钥匙等等。这些都是训练宝宝对应能力的好题材。

酸和甜

哪些是酸的，哪些是甜的？

香蕉

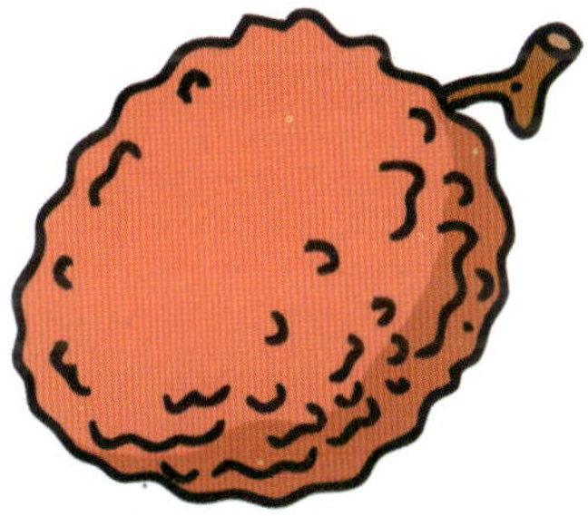

荔枝

山楂

柠檬

找不同

关键词：视觉观察、记忆力

游戏准备：两张稍微有区别的图片。

游戏目的：让宝宝通过视觉观察，增强记忆能力。

妈妈宝宝一起玩

拿出事先准备好的两张图片，给宝宝10分钟的时间观察并标注出两图之间的不同。

游戏开始了，宝宝的两只眼睛不停地转动，十分钟的时候对于大人来说是很充裕的，但是对于宝宝而言，这样的时间是紧迫的，但是，妈妈只能起到引导的作用，不能指挥宝宝找不同，即使自己已经发现宝宝漏找了一处也不要说出来。当时间结束的时候，妈妈就可以看到宝宝游戏的结果了。

还能这样玩

父母还可以在网络上找一些与“大家来找茬”类似但简单一些的小游戏，如果宝宝会用鼠标点击图片上的不同处最好了，如果不能，那么让宝宝用小手指出来，父母点击鼠标，也可以。

蒙氏箴言

这个游戏能够帮助宝宝很要的运用视觉记忆的能力，当宝宝熟练了上述的游戏过程，妈妈就可以增加游戏的难度，让宝宝获得新的刺激。

找不同

找一找，她们有哪些不同？

印花

关键词：想象力、创造力　书房里的游戏

游戏准备：无毒、无刺激的涂料，白纸若干张。

游戏目的：培养宝宝对绘画的兴趣，激发想象力和创造力，锻炼宝宝的手部力量。

妈妈宝宝一起玩

1.妈妈先用手指蘸颜料，在白纸上涂画，然后引导宝宝模仿妈妈，用手指在白纸上“画画”。

2.让宝宝随意发挥想象力，在白纸上任意涂鸦，妈妈要适时地表扬宝宝：“宝宝真棒，画得真好看”当宝宝画完之后，妈妈随即帮宝宝写上画的名字。

3.妈妈可以当着宝宝的面为画做一点简单的补充，使之成为一幅完整的作品。比如，爸爸画了一个圆形，妈妈可以问宝宝画的是什么，然后引导宝宝：“宝宝画的像一支气球，我们一起来给气球画上绳子吧”再和宝宝一起，在圆形下边画出线条。

蒙氏箴言

这种创造游戏能够很好地帮助宝宝学会如何用积极的方式与别人交往。即使是不喜欢参与游戏的宝宝，在这样的游戏里也能够找到自己的位置，而且这也一个很好的提升亲子间感情的途径。

温馨提示

父母在平时就可以为准备一些印有小花、小兔子等图案的印章，宝宝有新的“画作”或“书法作品”时，父母就可以印在他们的作品上作为鼓励。

画星星

关键词：自我认知、素质培养

书房里的游戏

游戏准备：白纸，蜡笔。

游戏目的：让宝宝认识自己的优点和缺点，帮助宝宝了解自己，培养宝宝良好的素质。

妈妈宝宝一起玩

1. 妈妈在纸上写下评分的题目，例如，听长辈的话，礼貌待人，按时吃饭、睡觉等；写两份一模一样的。

2. 妈妈告诉宝宝："我们来自我认识、自我测评一下，看看自己是不是个好宝宝，有多好或者有多不好。"

3. 妈妈讲解测评方法：在每一个题目后给自己画星星，觉得自己做得很好很好，就给自己画5颗星；觉得自己完成得还不错，但是还可以做得更好，就给自己画4颗星，以此类推，如果自己做得很差很差就只画1颗星。

4. 宝宝理解后，妈妈将蜡笔和其中一份写好题目的白纸交给宝宝；妈妈每读一条，就和宝宝在相应的题目后画上自认为合适的星星数。

还能这样玩

1. 妈妈和宝宝共同商量测评的题目内容，并让对方为自己画星星，看看对方眼中的自己是不是"好宝宝"。

2. 除了画星星之外，妈妈还可以引导宝宝画自己感兴趣的图案，例如小红花。

蒙氏箴言

在为自己画星星的过程中，妈妈要引导宝宝正确认识自己，多鼓励他，让他树立自信心。星星画好后，妈妈可以看看宝宝是否如实地反应自己的情况，如果认为宝宝的星星个数不合理，妈妈可以引导宝宝说明。

宝宝学写字

关键词：书写能力、基础培养

书房里的游戏

游戏准备：白纸、彩笔或铅笔，汉字字卡。

游戏目的：提高宝宝的书写能力，为以后上学打下良好的基础。

妈妈宝宝一起玩

1. 将准备好的白纸、彩笔或铅笔、字卡放在桌上。

2. 妈妈取出字卡，教宝宝认识卡上的字。每次认3～5个字，由笔画少的字到笔画多的字。

3. 当宝宝认识这些字时，给宝宝笔，妈妈握着宝宝的手，带着宝宝在纸上写字卡上的字。

4. 当宝宝熟悉这些字的笔画顺序后，让宝宝单独在纸上写字或者和妈妈一起比赛写字。

5. 宝宝写好后，妈妈不要过于强调宝宝的字是否好看，而要夸奖宝宝，增加宝宝下次写字的信心。

蒙氏箴言

此时，父母应在尊重宝宝书写需求的基础上，给宝宝做好书写的示范，或者与宝宝一起写写画画，用欣赏的态度去看待宝宝的书写，用轻松愉快的游戏方式，让宝宝感受到父母对他的关爱与支持，帮助宝宝顺利度过书写敏感期。

温馨提示

给宝宝铅笔时，妈妈要提醒他铅笔是尖尖的，写字的时候要小心，不要刺到自己的手。在宝宝写字时，妈妈要多鼓励他，让他宝宝对写字充满信心和兴趣。宝宝写好之后，妈妈可以让宝宝说说他写的是什么字，加强宝宝的记忆。

狐狸和乌鸦

关键词：想象力、语言表达能力

书房里的游戏

游戏准备：《狐狸和乌鸦》的故事。

游戏目的：激发宝宝的想象力，进一步增强语言表达能力。

妈妈宝宝一起玩

1. 妈妈给宝宝讲《狐狸和乌鸦》的故事，听完故事后，妈妈邀请宝宝演一演这个故事。

2. 宝宝同意后，妈妈和宝宝先讨论故事中的人物，然后分配角色：妈妈演狐狸，宝宝演乌鸦。

3. 妈妈和宝宝一起分析故事中的对话，以及讨论台词和需要准备的道具等。

4. 准备工作做好后，妈妈和宝宝试一试吧，看谁表演得更像、更有趣一些。

5. 妈妈和宝宝互换角色，让宝宝尝试不同的角色。

蒙氏箴言

只要是宝宝感兴趣的故事都可以进行角色扮演游戏，妈妈给宝宝讲故事之后都可以玩角色扮演游戏。在故事内容基础上进行的角色扮演游戏，需要宝宝记住故事中的相关台词，可以锻炼宝宝的听觉记忆能力，同时还能锻炼宝宝的想象力、表现力以及应变能力。

棋子分类

关键词：分类归纳能力、人际交往能力　书房里的游戏

游戏准备：棋子，棋盘。

游戏目的：通过游戏，让宝宝学会对棋子的分类，提高分类归纳的能力。

妈妈宝宝一起玩

1. 妈妈将事先准备好的棋子拿出来，如象棋、跳棋、围棋、国际象棋等，放在一个大盒子里。

2. 妈妈可以请宝宝在10分钟的时间里，分类、归纳这些棋子。如果宝宝完成得很好，妈妈一定不要吝惜自己的鼓励和掌声，让他知道，妈妈是认同他的。

当游戏开始的时候，妈妈都能清晰地看见宝宝的紧张的模样。

棋类游戏对宝宝的智力开发很有帮助，虽然宝宝还小，不能马上学会下棋，但是现在通过棋类游戏就可以培养宝宝对棋的兴趣。

蒙氏箴言

妈妈需要注意的是：这个游戏可以根据宝宝掌握的情况来决定。如果有条件的话，也可以集合邻居同龄的小朋友一起参加，这样的形式不仅能够提高宝宝分类的速度，也能够增强宝宝与小朋友之间的人际交往能力。

妈妈读儿歌

《小棋子》

小小棋子真可爱，跳来跳去做游戏。
小猫向我摆摆手，小鸟喳喳叫我起。
蜜蜂花丛采花蜜，毛虫爬来比魅力。
老虎大王一声吼，小鸭赶紧钻河里。
青蛙呱呱把歌唱，大家一起需开心。

牙签画画

关键词：书写能力、想象力 书房里的游戏

游戏准备：白纸，蜡笔，牙签。

游戏目的：通过涂鸦，提高宝宝的书写能力，同时充分调动宝宝的想象力。

妈妈宝宝一起玩

1. 妈妈把蜡笔给宝宝（黑色蜡笔除外），请宝宝用这些蜡笔在白纸上任意涂鸦。

2. 宝宝涂好后，妈妈问宝宝："宝宝看一看，这些蜡笔中还缺哪一种颜色呢？"答案不一定是黑色，鼓励宝宝想出更多颜色。

3. 妈妈拿出黑色蜡笔，对宝宝说："我们现在玩个游戏，让颜色们也来捉迷藏，宝宝想一想可以怎么做呢？"

4. 妈妈引导宝宝将黑色蜡笔涂满整张白纸，将之前白纸上的其他颜色盖住。

5. 妈妈拿出牙签，让宝宝用牙签在涂满颜色的白纸上画画，看看会发生什么有趣的事。

蒙氏箴言

让宝宝自由涂鸦，能发展宝宝的颜色把握能力；让宝宝想办法盖住其他颜色，可以锻炼宝宝解决问题的能力；鼓励宝宝拿着牙签在涂满颜料的白纸上作画，让他发现另一种作画的方式和乐趣，不仅能满足宝宝的绘画需要，还能开阔宝宝的思维。

温馨提示

4～5岁是宝宝绘画的敏感期，这个敏感期通常会持续1个月到1年的时间。在这个敏感期里，父母不用教宝宝怎样画画，宝宝也会自发地、随心所欲地去画。

联想

关键词：想象力、观察能力 书房里的游戏

游戏准备：一本书。

游戏目的：让宝宝学习观察某种事物，从而联想到类似同种形态的另外一种事物，开发想象力。

妈妈宝宝一起玩

1. 咱们家里常见的书是宝宝游戏中重要的“道具”，所以，这个游戏需要妈妈准备一本书，没有薄厚的区别。

2. 妈妈将事先准备好的书拿给宝宝看，问他：“你看这本书像什么啊？”这时宝宝就会回答：“像门、像窗子。”因为宝宝会根据自己平时的视觉记忆来联想出最近的东西，所以不妨多多刺激他。

3. 当妈妈将书平放着的时候，问宝宝：“现在又像什么？”宝宝大：“像豆腐、搭积木、楼房、平地……”

4. 这时又将书打开竖着放着再问，宝宝就回答：“像扇子、像商场的旋转门。”

蒙氏箴言

妈妈需要注意：学习的方式多种多样，要从多种角度来比喻。当游戏的时间比较长了的时候，妈妈就可以增加一定的难度，如果宝宝一时回答不上来，妈妈就要从旁不断的启发和鼓励，或者报出自己想象出来的东西。

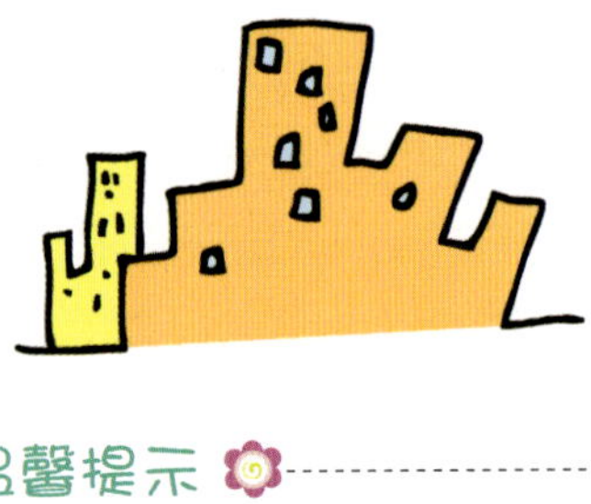

温馨提示

在启发宝宝联想的时候，也许宝宝不能第一时间想象出来，妈妈不能表现出烦躁的情绪，应耐心地启发宝宝。

记录本

关键词：创造性思维、自我了解 书房里的游戏

游戏准备：一个空白笔记本，宝宝的照片若干张，各种颜色的彩色笔，胶水以及各种卡通贴画。

游戏目的：帮助宝宝认识自己的成长过程，从而开创宝宝的创造性思维。

妈妈宝宝一起玩

1. 妈妈将宝宝的照片散落在地上，要求宝宝按照时间顺序选出照片，并且贴在笔记本上。起点是宝宝婴儿时期的照片，然后按照时间顺序，妈妈则在宝宝选择和贴照片的时候协助他回忆拍照片时的情景，如果不记得当时的情景，则由妈妈来讲述“那个时候的事”。

2. 在笔记空白的地方，可以标记出各种有特色的标识，如“我1岁生日的时候”“我的家人”“我的好伙伴”“我喜爱的玩具”“我最亲爱的一家人”“我喜欢吃的东西”等等。

3. 最后，将宝宝最近的一张照片贴在封面上，然后妈妈协助宝宝将自己的名字写在上面，同时也可以告诉宝宝他名字的由来，其中有什么意义。

蒙氏箴言

这个“记录本”完成后，将会是宝宝的第一本自传小人书，也是他第一次系统地了解自己，其中包括：对自己的兴趣、爱好、身体、家人、朋友等一些系列关于自己的事。然后随着年龄的增加，这本“记录本”也将越来越厚。

作息表

关键词：生活习惯、自主能力

游戏准备：本，笔。

游戏目的：培养宝宝良好的生活习惯。

妈妈宝宝一起玩

5岁多的宝宝已经能够分清现实和虚构，已经能够分清一年中12个月和一周中每一天的“名字”，妈妈何不利用宝宝的这一认知能力做个游戏。

1.妈妈可以给宝宝准备一支笔和一个笔记本。

2.让宝宝在这个本子上制作一个“作息表”。

3.让宝宝根据这个“作息表”来进行学习和生活，让他从小养成珍惜时间的好习惯。

还能这样玩

妈妈为宝宝制作一张作息表，要求宝宝按照作息表的时间安排起居生活，如果宝宝做得好，妈妈要奖励给宝宝一颗五角星，集齐10颗五角星，就可以满足宝宝一个愿望。

蒙氏箴言

这个游戏能很好地培养宝宝的作息时间，而且在游戏中也锻炼了宝宝的自主能力，是一个非常不错的办法。在制作“作息表”的时候，妈妈不妨和宝宝一起讨论，得出一个最优的解决办法。而且，随着游戏的次数的增加，宝宝也逐渐学会了如何与周围人根据某些现象发表“见解”，何乐而不为呢！

选食物

晚餐时间到了，快给小动物盛上它们最爱吃的食物吧。

剪纸真好玩

关键词：手部力量、创意

书房里的游戏

游戏准备：彩纸若干，一把安全剪刀。

游戏目的：发展手部精细动作。

妈妈宝宝一起玩

1. 教宝宝使用剪刀的正确方法，然后让他随意剪一剪。

2. 妈妈教宝宝剪图形，例如，方形、圆形、不规则图形等。

3. 当宝宝剪出不同形状的纸片时，可以让他说一说，剪的纸片像什么，引导他发挥自己的想象力。

4. 妈妈拿一些剪纸拼成一个图案，问："宝宝，这些好玩的剪纸能用来拼图，还能做什么呢？"鼓励宝宝多想出多种答案。

还能这样玩

剪纸游戏的花样很多，一张彩纸、一把剪刀可以变化出各种事物。最初练习剪纸的时候，妈妈要选择简单的图案，如花朵、水果、月亮等，让宝宝容易做到，并获得成功的喜悦。

蒙氏箴言

让宝宝随意剪纸，既能满足宝宝敏感期的心理需求，还有助于增强宝宝手部的力量，促进手眼协调能力的发展。在剪纸的过程中，宝宝的创意可以随着纸的形状的改变而不断改变，进而剪出不同的图案来，对宝宝想象力的发展也能起到较好的促进作用。

温馨提示

无论宝宝剪得怎样，都要给予他鼓励。培养宝宝勤于动手的好习惯才是最重要的。宝宝在使用剪刀的时候，妈妈一定要在旁边保护宝宝的安全。

小昆虫本领大

关键词：积极性、了解自然

书房里的游戏

游戏准备：昆虫图片。

游戏目的：借助图片让宝宝了解昆虫的生活习性及其特征，培养宝宝对自然生物的兴趣。

妈妈宝宝一起玩

1. 准备蟑螂、萤火虫、金龟子、蜘蛛等小昆虫的图片。

2. 妈妈和宝宝一起观察图片上的小昆虫，边观察边描述图片上昆虫的外貌特征。

3. 妈妈为宝宝讲解这些昆虫的其他特点，例如，蟑螂是地球上最古老的昆虫之一，它在恐龙时代就存在；萤火虫的屁股在夜晚会发光，一闪一闪，像掉在草丛中里星星一样；金龟子是地球上分布最广的昆虫之一，除了在寒冷的南极洲，地球上到处都有它们的足迹；蜘蛛的网就是蜘蛛歇息和捕捉食物的地方……

4. 请宝宝说一说自己对这些昆虫的认识和看法。

还能这样玩

1. 妈妈还可以准备一些宝宝熟悉的动物图片，让宝宝自己说动物的特点，这样，宝宝游戏的积极性会更高。

2. 带宝宝到公园去寻找小昆虫，观察小昆虫的外貌特征；回家后，妈妈和宝宝共同查找相关的资料，如图片、视频等。

蒙氏箴言

利用图片帮助宝宝了解昆虫的外貌特征，丰富宝宝的认识，培养宝宝对自然知识的兴趣。妈妈帮助宝宝了解更多关于各个昆虫的特点后，可以鼓励宝宝另外补充自己所知道的，或者鼓励他向爸爸展示自己所知道的知识，加深他的印象。

认识国旗

关键词：理解力、爱国主义　书房里的游戏

游戏准备：一面纸制国旗。

游戏目的：增强宝宝的爱国情怀。

妈妈宝宝一起玩

1. 带宝宝到广场看国旗，观看标准的国旗，对国旗的大小和图案产生直观的印象。

2. 给宝宝一面小型的纸质国旗，给宝宝讲述国旗的设计理念，并和宝宝一起观察五颗星的排列规律。

3. 把小型国旗铺在白纸上，用彩笔沿边缘描下来，然后按着真实的国旗涂颜色。

还能这样玩

也可以这样教宝宝认识国徽，从真正的使用场合开始了解，用模型来细致观察，最后描画。描画过程会让宝宝产生更深刻更清晰的印象。

宝宝了解国旗和国徽之后，还可以跟宝宝玩“找国旗、国徽”的游戏，看看在日常生活环境中，哪里有国旗和国徽的图案，从而加深宝宝的理解和印象。

蒙氏箴言

国旗和国徽不仅仅是个需要特殊识别的图案，它们还是宝宝了解我们国家历史和现状的载体。在认识的过程中，适当告诉宝宝一些这方面的指示，能激发宝宝对国家的热爱，培养爱国主义的情操。

中国国旗

特殊的画笔

关键词：创新活动、观察能力　书房里的游戏

游戏准备：毛线，彩笔，硬纸片，长头发。

游戏目的：培养宝宝的观察力，利用身边的生活小物进行创新活动。

妈妈宝宝一起玩

1.妈妈问宝宝："毛线可以用来拼画，我们来试一试，好不好？"

2.征得宝宝同意后，妈妈拿出准备好的材料；妈妈先示范用毛线在硬纸片上摆出造型，如一个圆、一条裙子等，然后让宝宝拿着彩笔补充图案，比如在圆里画出眼睛、鼻子，在裙子上画出可爱的小姑娘等。

3.当宝宝熟悉毛线画画的方法后，妈妈提议："头发和毛线一样，也可以用来拼画，我们也来试一试吧。"

4.宝宝同意后，妈妈用头发代替毛线，和宝宝继续玩游戏。

蒙氏箴言

宝宝的内心世界很独特，父母要知道，对小东西的格外注意其实也就是他观察能力发展的开端。因此，父母要有耐心，给宝宝足够的时间，有意识地培养他的观察力，帮助宝宝顺利度过这个敏感期。

温馨提示

还可以让宝宝试试用短头发在硬纸片上拼接。如果宝宝对这个游戏感兴趣，那么，妈妈很快就会发现，宝宝为毛线补充图案的创意特别多，还能给妈妈带来灵感。常和宝宝玩这样的游戏，既能锻炼宝宝的想象力和设计能力，还有助于宝宝观察能力的发展。

七彩纸陀螺

关键词：创造性思维、好奇心　书房里的游戏

游戏准备：白纸板，牙签，铅笔，油画棒，剪刀。

游戏目的：激发宝宝的好奇心，开发宝宝的创造性思维。

妈妈宝宝一起玩

1. 用剪刀把白纸板剪出一个直径4~5厘米的圆形卡片。

2. 鼓励宝宝用油画棒在卡片上分成7个扇形区，然后在不同的扇形区内分别涂上不同的颜色，例如，红色、黄色、橙色、绿色、蓝色、青色、紫色。

3. 卡片制作好后，用牙签从圆心处插入一半，七彩纸陀螺就做好了。

4. 妈妈示范怎么玩陀螺，鼓励宝宝一起玩，然后问宝宝："陀螺旋转起来像什么？""陀螺不动与转动时有什么不同？"引导宝宝进行思考，并提醒宝宝观察陀螺转动时颜色的变化。

蒙氏箴言

陀螺转动时，涂上去的所有色彩都不见了，只看到一片白色或者灰白色。不过，转动的速度不同，颜色的变化也有所不同。妈妈可以让宝宝多玩几次，看看是不是这样，激发宝宝天生的好奇心以及对科学知识学习的兴趣。

温馨提示

每个宝宝对自然科学知识以及其他文化知识的关注点不同，再加上敏感期的持续时间也不相同，所以宝宝爆发的点也不相同。作为父母应该给宝宝一个宽阔的平台，尊重宝宝的敏感期，让宝宝自由、快乐成长。

黑白轮廓

关键词：色彩能力、感知能力

书房里的游戏

游戏准备：黑色的纸和白色的纸。

游戏目的：让宝宝辨别色彩及不同的轮廓。

妈妈宝宝一起玩

1. 妈妈将黑色的纸裁成不同的形状，如长方形、圆形、五角形等，然后将它们贴在白纸上，贴完后就可以做成图卡。

2. 将图卡放在宝宝的面前，并在旁边给他解说这是什么颜色，上面的是什么图案，每幅图停留3～5秒即可。

还能这样玩

妈妈将手电筒光线打到墙上。宝宝坐在妈妈的腿上或旁边，妈妈把手放在光源和墙之间。妈妈用手做一些简单的动作，比如竖起手指，吸引宝宝的注意。

蒙氏箴言

通常情况下，宝宝会对强烈的黑白对比产生浓厚的兴趣，当看到这些鲜明的对比时，就会集中注意力去观察这两种颜色，并从中观察其中的轮廓。经常进行这样的游戏，宝宝就会记住这些常见的形状，虽然还不能明白这些形状叫什么，但能通过对比，找到其相应的形状。这款游戏不仅锻炼了宝宝对色彩的感知能力，还加强了宝宝智力的开发。

妈妈读儿歌

《影　子》

我有一个好朋友，天天跟我一起走，
有时走在前，有时走在后。
我有一个好朋友，天天跟我一起走，
我和他说话，不见他开口。

找找在哪里

关键词：敏感性、阅读兴趣

书房里的游戏

游戏准备：汉字字卡，旧报纸，书籍，铅笔。

游戏目的：巩固宝宝所学的字，为阅读打下坚实基础。

妈妈宝宝一起玩

1. 取出字卡，妈妈教宝宝认识上面的字，并和宝宝一起读一遍。

2. 宝宝认识这些字后，妈妈拿出报纸，让宝宝在报纸上寻找与字卡对应的字，并用铅笔把字圈出来。

3. 妈妈和宝宝各拿一本书，一起比一比，看谁找到的字最多。在比赛时，妈妈可以故意比宝宝找得少，并做出着急的样子，以增加宝宝的信心。

4. 比赛结束后，妈妈和宝宝各自数一数自己找了多少个字，看看谁是冠军。如果是宝宝赢了，妈妈要记得夸奖宝宝找出这么多字哦。

蒙氏箴言

让宝宝寻找报纸以及书本中的汉字，既能加深宝宝对汉字的记忆，又能满足宝宝识字的兴趣。在日常的阅读中，妈妈还可以根据具体的阅读语境，帮助宝宝理解词义，并同时开展组词游戏，有助于宝宝正确理解和运用汉字，提高宝宝对文字的敏感性，以及对阅读的兴趣。

温馨提示

在和宝宝找字的时候，一定要控制游戏时间，玩一会就让宝宝停下来眺望远方，缓解视觉疲劳。

数数数

关键词：书写能力、临摹能力　书房里的游戏

游戏准备：一些带有数字的卡片，或者一些条状的饼干，水果等。

游戏目的：让宝宝对数字有初步的了解，会数数，并会写一些数字。

妈妈宝宝一起玩

1. 妈妈给宝宝看这些数字卡片，并与宝宝一同数数。在日常生活中，妈妈也可以问宝宝："宝宝，今年几岁了？"宝宝如果能够伸出一个手指并说出"1岁了"的时候，就说明宝宝对数字已经有了基本的概念。

2. 拿一些条状的饼干让宝宝数一数有几个，或是让宝宝数一数袋子里有几个苹果。在教宝宝认识数字时，可以教宝宝写1、2等数字。

还能这样玩

1. 妈妈可以先将砂纸剪成1～10数字，然后让宝宝用小手沿着这些数字的轮廓进行描绘，让宝宝练习写字，同时也可以刺激宝宝的触觉。

2. 用毛线在纸张上拼成宝宝的名字，让宝宝通过触摸毛线来学习写自己的名字。还可以用不同颜色的毛线拼成爸爸妈妈的名字，让宝宝认识更多的字，同时也会写这些字。同样，也可以让宝宝接触更多的颜色。

蒙氏箴言

书写是文字发展的一个必然结果，但是若想要做到正确书写，手就要必须具备临摹的能力。当爸爸妈妈在教宝宝用手指在数字或文字上临摹时，就是在培养宝宝手的临摹能力，让宝宝对他感兴趣的字进行临摹，会收到意想不到的效果。

读一读

1　2　3

4　5　6

7　8　9

10

一起来看书

关键词：色彩认知、观察能力

书房里的游戏

游戏准备：大开本、色彩鲜艳、内容简单的图画书。

游戏目的：让宝宝认识更多的色彩，引导宝宝有规律地观察事物。

妈妈宝宝一起玩

1. 妈妈可以选择一些内容简单的图画书，拿着这个色彩鲜艳的图画书吸引宝宝的注意，让他对这些色彩斑斓的图画书产生兴趣。

2. 边看边给宝宝指出这是什么颜色，并不停地重复，也许宝宝在看到这些鲜艳的颜色后会不理会妈妈说的话，并且还会想要看下一页有什么图画，这时，妈妈就可以引导宝宝观看这幅画的整体，从左到右，从上到下，用手指着并用声音吸引他去观看。

3. 在平时遇到一些色彩鲜艳的颜色时，妈妈还可以不停地重复告诉宝宝是什么颜色，或是问宝宝还记不记得这是什么颜色。

还能这样玩

不要局限于让宝宝看图画书，妈妈可以带宝宝到户外、公园散步，让宝宝观察蓝天、白云、小动物、花朵，并鼓励宝宝说出这些物体的颜色，在这个过程中，宝宝可能提出一些疑问，妈妈要耐心解答。

蒙氏箴言

当妈妈在与宝宝进行这种亲子游戏时，不仅可以让宝宝认识更多的颜色，提高他对生活中的颜色的敏感度，还可以让宝宝通过看图画书，学会如何对事物进行具体的观察。妈妈在与宝宝进行这种游戏时，最好发出一些好玩的声音来吸引宝宝的注意力，让宝宝喜欢上这种游戏。

我是小小童话家

我是一个小画家，七彩画笔手中拿，
不画鱼儿不画水，不花鸟儿不画花，
画一座电站太空建，把天上的雷电全收下，
画一只遥控器手中拿，阴晴雨雪全在我指尖下，
我是一个小画家，心中想啥我就画啥。

有趣的扑克牌

关键词：数学知识、识别能力

书房里的游戏

游戏准备：一副扑克牌。

游戏目的：借助扑克牌让宝宝识别数字、图案、顺序、颜色及多种特征，培养宝宝对数学的兴趣。

妈妈宝宝一起玩

1. 准备一副扑克牌。

2. 妈妈先把扑克牌中的大小王以及人头牌取出来，然后让宝宝按不同的花样（红桃、方块、梅花、黑桃）分类，并告诉宝宝四种花色的名字：红桃、方块、梅花、黑桃。

3. 分好花样后，妈妈教宝宝认识其中一个花样扑克牌的数字及大小，然后让宝宝将这副牌中带有某个数字的牌都找出来，例如，将带有2的牌，带有3的牌都找出来，可以让宝宝多找几次。

4. 让宝宝将每一个花样的扑克牌按照大小的顺序依次排列起来。

还能这样玩

根据扑克牌的特性，可以让宝宝认识相邻的数字，一起玩一玩扑克接龙赛，也可以和宝宝一起打扑克牌，例如，妈妈出2，宝宝就出3，然后妈妈再出4，宝宝再出5，依此类推，帮助宝宝识大小。此外，爸爸妈妈还可以根据宝宝的具体完成情况，自创玩法。

蒙氏箴言

扑克牌游戏对于宝宝而言，不仅可以让宝宝享受到游戏的乐趣，还可以轻松愉快地学到数学知识：认识图案、颜色、形状、数字顺序、大小的概念等，让宝宝在不知不觉中发现数字的乐趣，并了解数字变化的基础知识，这对宝宝的数学能力发展具有重要的影响。

认一认扑克牌

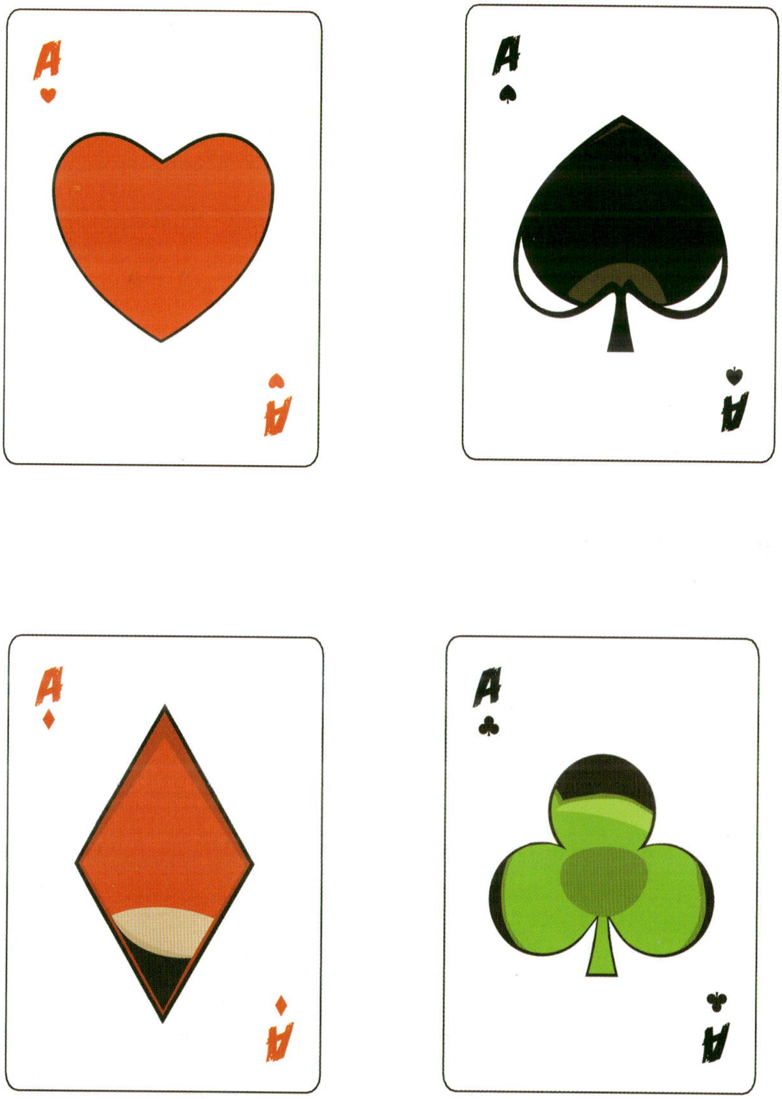

多样的数字

关键词：数学能力、想象力

书房里的游戏

游戏准备：数字卡片“6”，数量为“6”的物体图片若干张。

游戏目的：让宝宝了解数字、数量之间的关系，了解数的真正含义。

妈妈宝宝一起玩

1. 妈妈拿出数字卡片“6”让宝宝观察，并告诉宝宝：“宝宝，你看，这是数字6，像不像一把小哨子呢？”

2. 妈妈一边说出数字“6”一边出示数字卡片“6”，再配合数字“6”出示相应的6个数量的物体图片。

3. 妈妈拿着图片告诉宝宝：“宝宝，你看，这张图片真漂亮，里面有6只小鸟，旁边还有6只鲜艳的花朵，有红色的、黄色、白色的……”

还能这样玩

妈妈给宝宝准备数量为“6”的食品，拿出数字卡片“6”，引导宝宝读出来，然后让宝宝拿出“6”块糖果给妈妈。随着宝宝熟悉更多的数字、数量，也可以根据宝宝的接受程度逐渐增加游戏的难度。

蒙氏箴言

数字与数量的结合练习，能让宝宝把实物的数量与数字符号对应起来，有助于宝宝真正体会到每个数字所代表的意义，为以后进行比较多少、运算练习打下良好的基础。

温馨提示

在和宝宝找字的时候，一定要控制游戏时间，玩一会就让宝宝停下来眺望远方，缓解眼睛疲劳。

我最像谁

关键词：自我认知、比较　书房里的游戏

游戏准备：爸爸、妈妈、爷爷、奶奶以及宝宝的近期照片。

游戏目的：让宝宝看照片，观察、比较自己和亲人的五官，帮助宝宝认识自己，培养宝宝的自我认知能力。

妈妈宝宝一起玩

1. 妈妈将照片摆放在桌子上，对宝宝说："照片里的人都是谁呢，宝宝认不认识啊？"

2. 宝宝回答后，再让宝宝说一说自己和照片上的人的关系。

3. 妈妈指着照片问宝宝："宝宝长得最像谁呢，像爸爸还是像妈妈，还是像爷爷或者奶奶多一点呢？"然后和宝宝一起讨论。

4. 妈妈引导宝宝观察，例如，"我觉得宝宝的嘴巴像妈妈一点，眼睛像爸爸一点，宝宝觉得呢？"

还能这样玩

家人都在的时候，还可以让宝宝拿着镜子，仔细观察自己和亲人的面貌，观察、比较一下，自己到底像谁多一点。引导宝宝观察照片，找出照片上的人的共同之处以及不同的地方，帮助宝宝区分性别。

蒙氏箴言

让宝宝观察自己和亲人的照片，寻找五官上的共同点，可以锻炼宝宝的观察力，让宝宝更清楚地了解自己。在观察照片的时候，引导宝宝思考自己和照片上的人物的关系，可以教导孩子认识家庭成员，帮助宝宝了解家庭成员之间的关系。

第三章

玩在卧室

照片里是谁

关键词：把握能力、观察能力

卧室里的游戏

游戏准备：各种图片和与之相对应的实物。

游戏目的：帮助宝宝建立实物与抽象之间的关系，培养宝宝敏锐的观察能力。

妈妈宝宝一起玩

1. 将图片放在宝宝的面前，并将实物放在另一边，让宝宝仔细观察图片上的图案，并指导宝宝将图片上的图案在现实生活中找出来。

2. 妈妈可以先取出一个实物，然后让宝宝将这个实物的名称说出来，如小狗玩具，宝宝就会说："这是小狗。"妈妈让宝宝将小狗玩具放在带有小狗图案的图片下。依此类推，将所有的实物与图片一一对应。

还能这样玩

看图讲故事，当宝宝认出图片上的实物之后，父母可以让宝宝根据图片中的人物、小动物和环境编故事，培养宝宝的想象力和语言表达能力。

蒙氏箴言

为什么要训练宝宝的认知能力呢？认知能力其实就是人脑加工、储存和提取信息的能力，也就是人对事物的性能、构成与其他事物的关系、发展方向、发展的动力以及基本规律的把握能力。它是人们成功地完成活动最重要的心理条件。

猜猜手指

关键词：记忆力、色彩敏感度

卧室里的游戏

游戏准备：5种不同颜色的彩色水笔。

游戏目的：训练宝宝对色彩的感知能力，促进宝宝观察与记忆能力的发展。

妈妈宝宝一起玩

1. 妈妈站宝宝的面前，用不同颜色的水彩笔在手指上涂颜色，如红、黄、蓝、绿、橙，边涂边告诉宝宝，自己把哪个手指头涂上了什么颜色，让宝宝理解不同手指的名称，也可以让宝宝来参与涂色的过程。

2. 当妈妈把手指的颜色涂完后，就将涂好色彩的手指放到另一个手掌中，使五个手指尖稍稍露出，然后让宝宝猜猜涂了什么颜色的是哪根手指。

还能这样玩

我们的五根手指都是长短、粗细不一样的，可以教给宝宝每根手指的名字，然后让宝宝自己说出每根手指的名字。

蒙氏箴言

生动形象的物品更能吸引宝宝，也能加深宝宝对此物品的记忆，当进行这种游戏时，也可以把宝宝的手指涂上颜色，这样就会让宝宝对不同手指的名称有更加深刻的印象，也会让宝宝对颜色更加敏感。

妈妈读儿歌

《手指儿歌》

大拇指头是爸爸，
爸爸旁边是妈妈；
个子最高是爷爷，
爷爷旁边是奶奶；
小小指头就是我。

藏玩具

关键词：观察能力、思考能力

游戏准备：宝宝最喜欢的玩具。

游戏目的：培养宝宝的观察力。

妈妈宝宝一起玩

1. 妈妈在宝宝不注意的时候将宝宝最喜欢的玩具藏起来。

2. 当宝宝发现玩具不见了之后，妈妈可以告诉宝宝："我把玩具藏在我的卧室了，你去找找看吧！"宝宝就会非常兴奋地跑到卧室，将玩具找出来，然后兴高采烈地告诉妈妈他将玩具找到了。

3. 有时宝宝还会把妈妈的物品藏起来，让妈妈也玩找东西的游戏。

还能这样玩

妈妈在宝宝房间内比较明显的位置添置一些新的物品，然后再把物品拿走，从而加强宝宝的观察能力。

蒙氏箴言

日常生活中通过变换宝宝身边的事物来刺激宝宝去认真的观察，让宝宝养成注意观察的好习惯，也在观察的过程中收获知识。

它们在做什么

关键词：词语、知识量

卧室里的游戏

游戏准备：不同小动物在做动作的图片，如荡秋千的小猴子、沙滩上爬来爬去的小乌龟等。

游戏目的：丰富宝宝的动词词语，通过看图，让宝宝理解常用动词的意思。

妈妈宝宝一起玩

1. 妈妈给宝宝看图片，让宝宝说出图片上小动物的名称，然后再告诉宝宝小动物正在做什么，重点强调做的动作，让宝宝理解动词的意思。

2. 当宝宝熟悉图片的内容后，妈妈可以随便拿出一张图片让宝宝说出这个小动物在做什么，并让宝宝模仿小动物的动作，如拿出一张蝴蝶正在飞舞的图片，让宝宝模仿蝴蝶飞的动作。

还能这样玩

宝宝说出图片中的小动物都做什么之后，还可以让宝宝根据这些情节编故事，让故事里小动物的动作连续起来成为情节。无论故事的情节怎么样，都要鼓励宝宝发挥想象力。

蒙氏箴言

对于宝宝来说，现在的学习就是游戏，因此，爸爸妈妈要和宝宝边做游戏边学习，这样还可以让宝宝记得更清楚，并且还能让宝宝理解得更快。

在教宝宝一些词语的时候，爸爸妈妈可以通过一些动作加深宝宝对这个词语的印象，让宝宝更容易理解这个词语的意思，让宝宝在轻松愉快的环境中学到更多的词语。

纽扣分类

关键词：注意力、分类规律

卧室里的游戏

游戏准备：一个托盘，三个碗，两种颜色的扣子若干。

游戏目的：培养宝宝做事专注的习惯，让宝宝学会分类、找规律。

妈妈宝宝一起玩

1. 让宝宝用托盘将准备好的物品放在桌子上，将所有扣子放入一个碗中，让宝宝观察扣子的颜色，并问他扣子的颜色是否都一样。

2. 得到答案后，让宝宝将颜色相同的扣子放进一个碗中。

3. 宝宝将扣子按颜色分完后，妈妈可以让宝宝将分好的扣子用捡或倒的方法，放在同一个小碗里，最后将这些物品整理放好。

还能这样玩

准备两套彩色卡片，一套是正方形的彩色卡片，红、绿、黄、蓝各两张；另一套是四张，红、蓝、黄、绿四种颜色，正方形、三角形、圆形三种形状的卡片。先出示第一套形状相同、颜色不同的卡片乱摆在桌面上，然后让宝宝按颜色分别摆开。当宝宝能顺利完成第一套卡片的分类后，出示第二套颜色和形状都不同的卡片，把颜色形状打乱摆在宝宝面前。首先让宝宝找出所有绿色卡片，再分别找出所有的黄色和红色卡片，最后问宝宝剩下的是什么颜色的卡片。

蒙氏箴言

对于这个阶段的宝宝来说，玩是将来一切活动的开始，是宝宝身心与智力健康发展的重要基础，因此，爸爸妈妈不要限制宝宝玩，在玩的过程中，宝宝发现并学到到很多知识。玩对宝宝来说也是一种本领，也是让宝宝变聪明的最好方法。

捡纽扣

将小纽扣装进小篮子里，大纽扣装进大篮子里。

学穿衣

关键词：独立、自信心

卧室里的游戏

游戏准备：一件前面有大片图案的套头衫。

游戏目的：让宝宝学会穿套头衫，学会独立照顾自己。

妈妈宝宝一起玩

1. 让宝宝分清套头衫的前后面，告诉宝宝有图案的是正面，没有图案的是反面。

2. 给宝宝示范穿套头衫的过程，教宝宝先把头钻进领口，然后再分别把左右手伸进袖子里，最后再把衣服往下一拉。

3. 让宝宝自己练习，妈妈可以在一旁指导宝宝，如果宝宝无法将头或手伸出来，可以帮宝宝一把，根据宝宝的难点，对宝宝说明穿套头衫的技巧。

蒙氏箴言

在日常生活中，很多妈妈在照顾宝宝的时候怕麻烦，什么事情都不让宝宝做，比如穿衣服。当宝宝表达想要自己穿衣服的愿望时，妈妈就会嫌宝宝穿得不好并且用的时间过长，还会认为宝宝碍手碍脚，因此不让宝宝动手，这是不正确的。妈妈一定不要打消宝宝学习穿衣的积极性，当宝宝想要自己动手穿衣服时，就让他自己来做，并在这个过程中教会他穿衣的技巧，让宝宝掌握更多的生活技能，从而建立宝宝的自信心。

妈妈读儿歌

《穿衣服》

一件衣服四个洞，
宝宝套进大洞洞。
脑袋钻出中洞洞，
小手伸出小洞洞。
小纽扣，钻洞洞，
一二三，钻出来。

宝宝卷凉席

关键词：精细动作能力、秩序感

卧室里的游戏

游戏准备：小凉席、小地毯各一块。

游戏目的：锻炼宝宝卷的能力，发展精细动作让他学会自己的事情自己做。

妈妈宝宝一起玩

1. 妈妈先将小地毯在地面上放平，给宝宝示范怎样卷地毯，两只手拿着地毯的一头卷一下，然后再一下一下地卷到头。

2. 让宝宝自己做，并让宝宝用同样的方法练习卷凉席。

蒙氏箴言

爸爸妈妈都会给宝宝准备很多的日常用品，如玩具、图书等。为了培养宝宝的秩序感，应该引导宝宝学会整理，教宝宝将物品归类摆放的技能，还能培养宝宝的责任心与规则意识。

温馨提示

爸爸妈妈不要把玩具放在一个大箱子里，最好准备一个物品架或是多准备几个纸箱子，让宝宝将图书、玩具分类收好，养成有序的习惯。

整理衣服

关键词：自我约束、规则意识　卧室里的游戏

游戏准备：宝宝的上衣与裤子。

游戏目的：让宝宝学会叠衣服，培养宝宝的秩序感，让宝宝了解自己的事情需要自己做。

妈妈宝宝一起玩

1. 妈妈先将宝宝的上衣前后对齐摆好，告诉宝宝上衣有两条袖子，再将袖子叠放在衣服的上面，然后把领口与衣服的下摆对齐、折叠。

2. 拿出宝宝的裤子，给宝宝示范叠裤子的方法，先把两条裤腿对齐折叠，再将裤腰与裤腿下边对齐、折叠。

3. 给宝宝示范之后，可以让宝宝自己动手操作。

4. 妈妈可以在宝宝睡觉前进行示范，等到宝宝换上睡衣后，让宝宝将白天穿的衣服叠起来，早晨再将睡衣叠起来，让宝宝养成叠衣物的好习惯。

蒙氏箴言

这个阶段是宝宝养成良好生活习惯的最佳时期。由于宝宝正处于秩序敏感期的阶段，已经开始学习自我约束，建立规则意识，大脑神经活动具有高度的可塑性，容易接受外界的刺激，形成一定的习惯，并且所形成的习惯也比较稳固。既然爸爸妈妈想要帮助宝宝养成良好的生活习惯，那就不要错过这个最佳时期。

妈妈读儿歌

《叠衣服》

一只袖子盖上来，
两只袖子盖上来，
大大被子盖好了，
我的衣服叠好了。

哪个小朋友做的对

照顾洋娃娃

关键词：自理能力、优越感

卧室里的游戏

游戏准备：一个可以穿脱衣服的洋娃娃。

游戏目的：培养宝宝的生活自理能力。

妈妈宝宝一起玩

1. 妈妈将洋娃娃交给宝宝，并对宝宝说："现在你就是小娃娃的妈妈了，你要好好的照顾她呀！"

2. 然后与宝宝交流怎样照顾洋娃娃，让宝宝通过模仿妈妈平时照顾自己的样子，给洋娃娃梳头、洗脸、洗手，给洋娃娃穿衣服、穿裤子。

还能这样玩

妈妈还可以根据宝宝的能力，多为洋娃娃准备几套衣服，有的衣服需要拉拉链，有的衣服需要系扣子，或者根据宝宝的发展方向，为宝宝布置照顾洋娃娃的任务。

蒙氏箴言

宝宝也需要自己的空间，当宝宝想要自己做一些事情的时候，爸爸妈妈应该鼓励宝宝去做，而不是担心宝宝发生危险或是觉得宝宝做不好而不让他去做。爸爸妈妈是宝宝前进的动力，如果爸爸妈妈都不支持宝宝，那么宝宝就无法得到信心，也无法感受到自身的优越感。

妈妈读儿歌

《洋娃娃和小熊跳舞》

洋娃娃和小熊跳舞，
跳呀跳呀一二一；
他们在跳圆圈舞呀，
跳呀跳呀一二一；
小熊小熊点点头呀，
点点头呀一二一；
小洋娃娃笑起来啦，
笑呀笑呀哈哈哈。

洋娃娃跳舞

洋娃娃和小熊跳舞，跳呀跳呀一二一，
他们在跳圆圈舞呀，跳呀跳呀一二一，
小熊小熊点点头呀，点点头呀一二一，
小洋娃娃笑起来啦，笑呀笑呀哈哈哈。

快乐的歌声

关键词：情感表达、性格培养

卧室里的游戏

游戏准备：无。

游戏目的：借助语言和肢体接触让宝宝感受快乐的情感，培养宝宝用愉悦的方式表达情感。

妈妈宝宝一起玩

1. 准备一首有象声词的儿歌。

2. 让宝宝躺在柔软的毯子上或床上，妈妈坐在他身边。

3. 妈妈微笑地唱着儿歌，例如，“小河流水哗啦啦，小雨跳舞滴答答”。在说象声词“哗啦啦”、“滴答答”时轻轻地给宝宝挠痒痒。

4. 观察宝宝是否笑了，或者发出其他声音。

5. 给宝宝挠挠痒后，妈妈改捏宝宝的小手和小脚，例如，唱到象声词时，妈妈就稍稍用点力捏捏宝宝的手或脚。

还能这样玩

1. 有象声词的儿歌宝宝会很喜欢，妈妈可以多准备一些。唱这些儿歌给宝宝听的时候，结合表情和动作逗宝宝，宝宝会很开心。

2. 妈妈挠痒痒的速度可以快一些或慢一些，挠痒痒的时间也可以长短不同，让宝宝获得更多的体验。

蒙氏箴言

宝宝最初是通过哭和笑来表达自己的情感，通过这个游戏，能让宝宝发出笑声或其他声音来表达快乐的情绪，有助于培养宝宝开朗的性格。同时，运用不同力度的肢体接触，还有助于发展宝宝的触觉能力。

贝壳的眼泪

关键词：审美艺术能力、情绪

卧室里的游戏

游戏准备：无。

游戏目的：培养宝宝良好的情绪。

妈妈宝宝一起玩

1. 妈妈给宝宝讲珍珠的故事：一粒沙子不小心掉进贝壳里，贝壳很疼，就像宝宝眼中飞入沙子一样的疼。可是贝壳没有办法将沙子排出体内，只能用眼泪来滋润沙子，借此来减轻自己身体的疼痛。一天天、一年年过去，被贝壳的眼泪包裹的沙子慢慢地变成了一颗美丽的珍珠……

2. 讨论问题：珍珠是怎么来的？

3. 妈妈总结：贝壳的眼泪是为了缓解身体的疼痛，它很重要，所以最后变成了珍珠；人的眼泪是内心快乐或伤心的表现，是让人释放快乐或缓解疼痛的表现，所以也很珍贵；只有重要、珍贵的东西，才值得人去关心、去珍惜。

蒙氏箴言

妈妈要告诉宝宝："哭闹并不一定是错，可是宝宝要先想一想，自己的哭闹是否合理，是否值得尊重。"通过故事让宝宝了解珍珠的成长经历，体会眼泪的珍贵和美丽，训练宝宝情感的审美艺术能力，培养宝宝良好的性格。

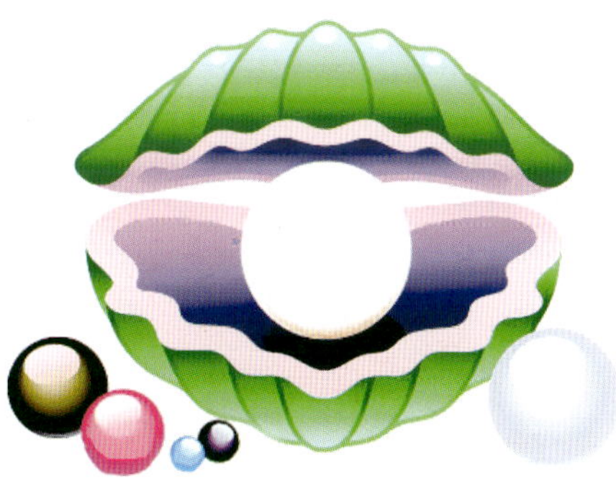

宝宝讲故事

关键词：语言能力、人格塑造

卧室里的游戏

游戏准备：图画书。

游戏目的：在游戏的过程中，提高宝宝的语言能力。

妈妈宝宝一起玩

对于4、5岁的宝宝而言，他们已经能够很好地说话了，但是内容一般不是很丰富，虽然可以熟练地讲出故事，那也只是看着图说而已。

比如一幅小熊吃蜂蜜的场景，可能一般的宝宝就会说："一只熊在吃蜂蜜。"而那些语言丰富的宝宝，他们会说："一只胖胖的小熊，站在榕树下，美美地吃着蜂蜜。哇！看着就很诱人。"这样说起来是不是好多了呢？妈妈如果对宝宝进行这个游戏，可以先从简单的场景出发，慢慢地将连篇的内容教给宝宝，有一个过渡的程度，这样宝宝能够更容易接受。

蒙氏箴言

如果在游戏开始的时候，宝宝不能很好地掌握游戏的窍门，妈妈可以做一下引导工作。这种语言训练法，对他以后的文科学习也有一定的帮助。

温馨提示

讲故事在宝宝学习中起着不可替代的重要作用，能促进宝宝学习语言文字。故事线索本身就把许多语言现象串联起来，能帮助宝宝逐步掌握较为复杂和多样的语言知识和技能，故事本身对宝宝的人格塑造起着示范和启蒙的作用，故事开阔了宝宝的视野，宝宝自己编故事，满足了宝宝的创造欲望。

猫咪专家

关键词：观察能力、亲子关系 卧室里的游戏

游戏准备：妈妈事先熟悉儿歌，准备一张写了“帕帕”两字的手绢和一个玩具娃娃。

游戏目的：锻炼宝宝的观察能力，促进亲子间关系。

妈妈宝宝一起玩

1. 妈妈抱住娃娃对宝宝说：“娃娃的衣服脏了，妈妈用手绢给他擦一擦吧。”妈妈拿出手绢并告诉宝宝观察，手绢是方形的。

2. 妈妈给娃娃擦完衣服后，跟宝宝说：“我们和娃娃一起玩捉迷藏吧。”然后妈妈把手绢盖在自己的头上，突然扯下来，告诉宝宝“我是妈妈!”，然后反之把手帕盖在宝宝头上，让宝宝自己扯下来，妈妈问宝宝说：“这是谁啊?”当然最好手绢不是透明的。

3. 和宝宝一起做游戏的时候，妈妈可以把准备好的儿歌唱出来。小手绢、四方块、盖在头上、遮脑袋。

4. 玩完游戏可以教宝宝说：手帕。

蒙氏箴言

这个游戏可以让宝宝知道，父母不在眼前不代表他们消失了，让宝宝练习与父母分离，逐渐习惯父母离开的感觉，为他接下来去幼儿园学习做好基础。陪宝宝玩捉迷藏的游戏，还可以锻炼宝宝的观察、分析等能力，有助于培养宝宝的自信心。

绕口令的学习

关键词：语言能力

卧室里的游戏

游戏准备：儿歌或是绕口令。

游戏目的：让宝宝朗读儿歌或绕口令，提高语言能力。

妈妈宝宝一起玩

1. 妈妈给宝宝准备适合他年龄段学习的儿歌或绕口令，当然妈妈也要加入其中。

2. 说一个绕口令，妈妈说一句，宝宝学一句，慢慢地让宝宝一句一句地将绕口令背下来，之后就可以要求宝宝快速地将它说出来。

妈妈读儿歌

绕口令《扣纽扣》

小牛扣扣使劲揪，
小妞扣扣对准扣眼扣，
小牛和小妞，
谁学会了扣纽扣？

蒙氏箴言

妈妈不要着急，儿歌的学法也是一样，只要在游戏中增添一点乐趣，宝宝就很容易学会了。在进行游戏的时候，如果宝宝不能很快地说出绕口令，妈妈也不要失去耐心，否则会让宝宝对这样的学习产生厌恶的感觉，这样就得不偿失了。

温馨提示

在游戏的过程中，教会宝宝正确的发音，要从简单的字句逐渐地过渡到难分辨、陌生的字句。

绕口令，读一读

山前有只虎，
山下有只猴。
虎撵猴，猴斗虎；
虎撵不上猴，
猴斗不了虎。

看图说故事

关键词：创造性思维、语言能力

卧室里的游戏

游戏准备：具有创造性的图画读物。

游戏目的：培养创造性思维的过程中，也是宝宝语言能力发展的过程。

妈妈宝宝一起玩

1. 在创造性语言教育中，妈妈需要给宝宝创造出一个“想说、敢说”的环境。

2. 妈妈在和宝宝一起看图画时，可以先按情节顺序来看，然后再找出画中的主要角色，观察他们的形象、动作都是怎样的。

3. 如妈妈和宝宝一起看自己事前制作好的图片。首先，让宝宝按顺序看图片，然后问宝宝画面中都有什么，再问图片中讲的都是什么内容，最后让宝宝根据自己的想法说故事。

4. 虽然宝宝可能一个字都不认识，但是却看得懂画中的“故事”，不仅能提高宝宝的知识，也能增强宝宝的表达能力。

还能这样玩

父母可以与宝宝进行看图说故事比赛，在讲完故事之后互相提一个小问题，谁答对谁就赢了。

蒙氏箴言

通过游戏培养宝宝的语言表达能力是一件非常不错的办法。但也要把握好几个原则：1.根据宝宝实际规律培养语言能力。2.有计划地培养宝宝的语言表达能力。3.让宝宝多听、多看、多说，培养良好的语言习惯。4.为培养宝宝的语言能力创造出一个良好的环境。通过以上方法，宝宝的语言能力一定能得到很好的发展。

小马过河

你知道小马过河的故事吗?

练口型与发音

关键词：语言表达能力

卧室里的游戏

游戏准备：妈妈的口红。

游戏目的：通过练习唇部的动作，提高语言表达能力。

妈妈宝宝一起玩

1. 首先是练习圆唇的动作。这个训练过程很有意思，宝宝一定很喜欢，就是一般的吹泡泡、吹蜡烛、细面条、吸碎布丁等等（是不是很方便啊，这些可都是在日常生活中常见的训练方法，非常适合宝宝的练习）。

2. 然后是练习拉唇的动作。这个动作说起来是很简单的，就是需要宝宝直接露齿微笑的动作或是边照镜子边做鬼脸，并说出简单的汉语拼音，如a、u、y等，但是做的时候，一定要多注意嘴形和发音。

蒙氏箴言

这些动作做完了就可以观察宝宝发音是否清楚。盖唇印、吹哨等也可以让宝宝练习发音。妈妈应该了解，这个游戏来源于生活，所以父母应在生活中多注意，请记住生活就是很好的课堂。

温馨提示

初学语音时候，父母可以用夸张的口型示范给宝宝，平时和宝宝讲话时也要降低语速：张大嘴巴给宝宝做示范，让宝宝听清发音，看清如何发音的。

练习发音aoe

排“7”

关键词：数序关系、分类能力

游戏准备：扑克牌（将王除去）。

游戏目的：掌握不同的数序关系，训练按照牌面的种类分类。

妈妈宝宝一起玩

1. 妈妈先将4个不同花色中的7找出来。

2. 妈妈和宝宝再将剩余的牌平均抓走，用猜拳的方式决定出牌的先后顺序。

3. 妈妈将之前找出的4个不同花色的7并排竖着摆放，从7的相邻数开始，依次将同一种类的牌排列好，如果自己手中没有可以出的牌的时候，可以向对方借，以先出完牌的一方为胜。

还能这样玩

把牌分成两份，和宝宝一人一半，每人出一张牌，看谁出的牌大，那这两张牌就归谁，如果一样大就先放在旁边，然后出下一张牌，赢的人得两次的牌，最后数数谁手上的牌多。当然也可以反过来比谁小，宝宝的逆向思维也得到一种训练，在这个过程中不仅可以教会宝宝认识数字，更能理解数字之间的大小概念。

蒙氏箴言

这种游戏方法，能很好地教宝宝学习数序的排列和牌色的分类。如果宝宝最开始不能掌握这个游戏，妈妈可以降低一下游戏的难度，用去掉王的双色牌玩排“7”。

连连看

小猫喜欢吃和它一样颜色的小鱼，快给它们找一找！

扣子

关键词：分类归纳能力、色彩能力

游戏准备：不同颜色、形状的扣子，碗。

游戏目的：让宝宝通过游戏，学会对不同形状、不同颜色的扣子进行分类，以便提高宝宝的分类归纳能力。

妈妈宝宝一起玩

买新衣服的时候，上边都会附赠同类多余的扣子。而今天的游戏，就是要需用这些“多余”的扣子进行。

1. 妈妈需要拿出这些“多余”的扣子（不同形状、不同颜色），放在一个碗里。

2. 请宝宝将同类的扣子进行归类，游戏时间为20分钟。可以按照颜色归类，也可以按照大小归类。

3. 如果宝宝在规定的时间分对了扣子，妈妈就可以用漂亮的扣子给宝宝做个玩具。

蒙氏箴言

如果宝宝对这些五彩斑斓的扣子弄不清楚的时候，妈妈可以给予一些引导。待游戏时间长了，妈妈就可以根据宝宝掌握的程度来增加游戏的难易程度，例如：缩短游戏规定的时间、增加扣子的颜色或形状等。

妈妈读儿歌

《扣纽扣》

一个眼，一个扣，
我帮它们手拉手，
结成一对好朋友。

你会这样做吗？

小手和小脚

关键词：自知能力、中枢神经

卧室里的游戏

游戏准备：无。

游戏目的：碰碰宝宝的小手，捏捏宝宝的小脚，让宝宝逐渐意识到“我的小手和小脚”，培养宝宝的感知能力。

妈妈宝宝一起玩

1. 帮宝宝换好尿布后，让宝宝躺在床上，盖上薄毯，以免宝宝着凉。

2. 妈妈轻轻捏一捏宝宝的小手，然后轻声对宝宝说：“小手，这是宝宝的小手。”引导宝宝的视线移到自己的手上。

3. 妈妈捏捏宝宝的小手指，或点点宝宝的手心，再轻声对宝宝说：“小手，宝宝软软的小手。”引导宝宝看自己的手指或手心。

4. 宝宝认识了自己的手之后，妈妈再捏捏宝宝的小脚，轻声对宝宝说：“小脚，这是宝宝的小脚。”引导宝宝认识自己的脚。

还能这样玩

1. 妈妈和宝宝这种温馨的互动是很多宝宝都会喜欢的游戏，妈妈还可以摇摇宝宝的小手，摇摇宝宝的小脚，促使宝宝的肌肉作出反应。其他身体部位也可以这样玩，让宝宝逐渐认识自己的身体。

蒙氏箴言

新生宝宝还没有“我”的意识，只有在外界不断的刺激中，才能逐渐发现自我，只有意识到自我的存在，人际智能才会得到发展。小手和小脚是宝宝自我感知的重要通道，父母可借助这样的游戏刺激宝宝手脚的肌肉，引起宝宝相应的反射动作，刺激宝宝中枢神经的发育。

小星星

关键词：空间视觉能力、听觉记忆能力

卧室里的游戏

游戏准备：无。

游戏目的：和宝宝观察夜晚的星空，为宝宝描述星星、月亮，锻炼宝宝的空间视觉能力，丰富宝宝的语言词汇。

妈妈宝宝一起玩

1. 准备儿歌《小星星》。

2. 星星出来后，妈妈带宝宝到窗边。

3. 妈妈引导宝宝抬头观察夜晚的天空，轻声为宝宝描述，例如，“天黑了，小星星们在天上一闪一闪的，它们正看着宝宝，看见宝宝也在看它们，正对着宝宝微笑呢。”

4. 宝宝抬头观察后，妈妈教宝宝儿歌《小星星》。

妈妈读儿歌

《小星星》

小星星，真淘气，挂在天空眨眼睛；
闪闪烁烁爱躲藏，数来数去数不清。

还能这样玩

1. 妈妈抱着宝宝轻声说话，宝宝会很开心。

2. 多给宝宝读儿歌，虽然宝宝还不能跟着妈妈诵读，但是宝宝听多了，他会咿咿呀呀地回应，等到他会说话的时候，他能在某个特定的场合说出儿歌的一些语句。

蒙氏箴言

在日常生活中，妈妈可以多准备一些简单、朗朗上口的儿歌、童谣以及诗歌，多读给宝宝听，丰富宝宝的词汇量，促进宝宝听觉记忆能力的发展。妈妈有时间的时候，随时随地都可以跟宝宝说说话，对宝宝词汇积累、表达能力的发展都很有帮助。

乐器的比较

关键词：听觉训练、音乐感知力

卧室里的游戏

游戏准备：唱片或录音带，图片或照片。

游戏目的：训练宝宝认识不同的乐器，并且听听这些乐器发出的声音，了解不同乐器产生的不同音色或音乐。

妈妈宝宝一起玩

妈妈可以事先让宝宝熟悉一下乐器，给他讲解一下乐器的音色和用途。如钢琴等。

1. 拿一张钢琴演奏家正在弹钢琴的照片给宝宝看。

2. 当宝宝看完照片后，可以让宝宝模仿一下钢琴家弹钢琴的姿势和动作。

3. 听一首钢琴曲，让宝宝用刚才的动作来配合曲子“摇摆”。

4. 依照上述的步骤，向宝宝介绍如小提琴、手风琴、长笛、三角铁、定音鼓、法国号和小喇叭、古筝、唢呐等乐器。

5. 依照上面的基础，让宝宝听音乐，找出相应的乐器图片。

蒙氏箴言

宝宝年龄还小，他辨别乐器的时候，能够指出图片即可，不一定要求他说出乐器的名称。如果宝宝已经没有耐心，就不要强迫宝宝学习。如果宝宝喜欢这个游戏，妈妈可以将古典乐曲与现代流行音乐交替教授。

温馨提示

每个宝宝都具有音乐天赋，只是多和少的问题。宝宝有着与生俱来的音乐感知力，后天有意识训练，是培养婴幼儿热爱音乐的关键。

认识乐器

你认识这些乐器吗？你知道它们的演奏形式吗？

小提琴

钢琴

古筝

二胡

表情扮演

关键词：观察识别能力、亲子感情

游戏准备：表情图片。

游戏目的：通过游戏的进行，提高宝宝的观察识别能力。

妈妈宝宝一起玩

1. 妈妈先将这些表情图片拿给宝宝看，让他熟悉这些表情代表的意思是什么。

2. 妈妈可以“没收”宝宝的图片，亲自作出表情，让宝宝观察这个表情的意思，不过前提是妈妈需要提示宝宝，不要将图片上的表情解释照搬过来，而是真心地观察它的意思。当宝宝明白表情的意思的时候，宝宝既可以说出是什么意思，也可以做出相同的表情。

3. 妈妈和宝宝可以互换“角色”进行。

蒙氏箴言

这个游戏能够很好地训练宝宝观察识别能力，通过这个游戏妈妈与宝宝间的亲子感情也进一步加深了，真是一举两得的办法。

温馨提示

宝宝有很多表情：哭、撒娇、害羞等，每个表情背后都有和成人不太一样的原因，父母要解密宝宝的表情。切记莫用大道理去批评，而无视宝宝的感情，接受宝宝的感情，让宝宝的心情舒畅。

豆子作画

动物的叫声

关键词：听觉灵敏度、语言能力

卧室里的游戏

游戏准备：动物卡片。

游戏目的：提高听觉灵敏度。

妈妈宝宝一起玩

1. 妈妈和宝宝面对面坐下，妈妈对宝宝说："看看妈妈这里有许多小动物图片。你知道它们都是怎么叫的吗？

2. 妈妈模仿图片上小动物的叫声，让宝宝仔细听。

3. 蒙上宝宝的脸，妈妈学小动物的叫声："宝宝，你听一听，妈妈学的是哪种动物的叫声？"

4. 当宝宝知道各种小动物的叫声后，可以和妈妈呼唤角色，让宝宝模仿，妈妈来猜。

蒙氏箴言

1岁大小的宝宝能够学会4种动物的叫声，可以对他讲一个"动物音乐会"的故事，让宝宝模仿动物叫，如拿出小猫玩具，发出"喵喵"的叫声；拿出小羊的图画，发出"咩咩"的声音，宝宝听到声音觉得好笑，就会模仿。宝宝快乐地发出特有的叫声，会很好地促进开口说话的。

妈妈读儿歌

《大公鸡》

大公鸡，真美丽，
红红的鸡冠花花衣，
每天清早喔喔啼，
它叫我们早早起。

小动物在唱歌

小鸡小鸡叽叽叽，
爱吃小虫和小米。

小鸭小鸭嘎嘎嘎，
扁扁嘴，大脚丫。

小青蛙，呱呱叫，
专吃害虫护庄稼。

小狗小狗，汪汪汪，
看家护院本领高。

我的小巧手

关键词：手指灵活性、控制能力

卧室里的游戏

游戏准备：无。

游戏目的：用手指做动作，锻炼宝宝手指的小肌肉群，发展宝宝的手指灵活性，提高宝宝的动作准确性及控制能力。

妈妈宝宝一起玩

1. 妈妈用手指变换出不同的动作，如胜利的姿势，告诉宝宝手指很神奇能变出不同的动作。

2. 妈妈和宝宝面对面坐着，妈妈念有关手指的儿歌给宝宝听，例如，伸出一个手指头，像根小棍，敲敲敲。伸出两个手指头，像把剪刀，剪剪剪。伸出三个手指头，像把扇子，扇扇扇。握起五个手指头，像把小锤，叮当当。

3. 妈妈和宝宝一起念儿歌，一边做动作，帮助宝宝理解儿歌，并准确做出动作。

4. 妈妈和宝宝一起把手藏在身后，一起念儿歌做动作，比比看谁做对了，谁做错了。

还能这样玩

1. 妈妈说儿歌内容，让宝宝自己多动作，考考宝宝的反应力，然后互换角色再玩一玩。

2. 多准备一些手指谣，和宝宝一起按着手指谣的内容玩手指游戏，还能提高宝宝的语言表达能力。

3. 带宝宝玩一些简单的手影游戏，和宝宝一起讲故事也很有趣。

蒙氏箴言

这个游戏可以根据宝宝的实际情况逐渐提高速度以及难度，如游戏开始时可以是一句儿歌一个动作重复几次，玩熟后再增加。利用手指动作和宝宝一起念儿歌，既锻炼了宝宝手指的灵活性，发展了宝宝的语言能力，又能增加亲子之间的亲密情感。

歌曲接龙

关键词：注意力、记忆力 卧室里的游戏

游戏准备：无。

游戏目的：宝宝熟悉儿歌内容后，和宝宝进行歌词接龙游戏，促使宝宝集中注意力，积极记忆儿歌的旋律和歌词。

妈妈宝宝一起玩

1. 选择一首生动有趣、浅显易懂的儿歌。

2. 妈妈告诉宝宝活动内容：宝宝和妈妈一起学唱、记这首儿歌；会唱后，一起玩歌曲接龙的游戏，看看谁表现得最棒。

3. 播放挑选的歌曲，妈妈和宝宝跟着播放器一起学唱；妈妈要表现出“我还没记牢”的样子继续专心学习，以免宝宝因为“自己表现太差”而丧失游戏的兴趣。

4. 歌曲学会后，让宝宝开始唱第一句，妈妈唱第二句，以此类推。

5. 第一轮歌曲接龙结束后，换妈妈唱第一句，宝宝唱第二句，以此类推。

6. 结束后，妈妈和宝宝说说谁歌曲记得牢，谁忘记的最多；赢的人可以向输的人提一个要求。

还能这样玩

1. 歌曲接龙时，妈妈可以故意唱错歌词，和宝宝辩论谁对谁错；如果家庭其他成员在家，可以鼓励宝宝邀请大家一起参与这个游戏。

2. 鼓励宝宝尝试给歌曲填“新词”；待宝宝有经验后，妈妈再和他玩“旧曲谱新词”的游戏。

蒙氏箴言

妈妈可以选择一些歌词简单的儿歌；等宝宝熟悉游戏内容和方式后，再选择句子稍长的歌曲。父母应该经常播放一些轻音乐、古典音乐、儿歌或童谣等给宝宝听，最好能陪宝宝一起欣赏、哼唱，有助于培养宝宝良好的旋律感和音乐素养，还能锻炼宝宝的听觉记忆能力。

金锅盖

关键词：思维灵敏度、精细动作

游戏准备：无。

游戏目的：锻炼宝宝的思维灵敏度，提高精细动作能力。

妈妈宝宝一起玩

1. 妈妈和宝宝面对面坐好，妈妈伸一只手，手心向下，成伞状，让宝宝一只手的示指顶着妈妈的手心。妈妈与宝宝一起说金锅盖，银锅盖，抓到哪个不要怪儿歌。

2. 儿歌念完时，妈妈快速握紧拳头，宝宝则要快速拿开手指。如果宝宝的手指被抓住了，妈妈可以假意抓住不放，逗宝宝开心。妈妈与宝宝可以交换角色反复玩。

还能这样玩

妈妈与宝宝一起玩抢椅子的游戏是一件非常有趣的事情。让爸爸放音乐，音乐停下来的时候，要迅速找到椅子坐下来。规则虽然简单，但是对于宝宝来说，还是有一定的难度要注意宝宝的安全。

蒙氏箴言

外界的刺激可以影响脑神经的发育，使宝宝更聪明。拥有良好的反应力、理解力，对于宝宝今后的学习有事半功倍的效果。专注力强的宝宝，学习的效率也相对较高，严谨程度也比较强。“抓手指”的游戏可以提高宝宝对事物的专注力，游戏中和妈妈角色的互换，也可以增强宝宝的手脑协调能力。

一起听音乐

关键词：兴趣培养、想象力

卧室里的游戏

游戏准备：轻音乐，风影图片。

游戏目的：倾听描述大自然的音乐，让宝宝在音乐中感受自然万物的美，激发宝宝对大自然探索的兴趣，以及对音乐的喜爱之情。

妈妈宝宝一起玩

1. 准备描述大自然的轻音乐，例如《秋日的私语》；准备与音乐内容有联系的风景图片。

2. 妈妈和宝宝一起观赏并说一说的风景图片上的内容。

3. 播放的音乐，妈妈和宝宝闭上眼睛欣赏音乐；播放第二遍的时候，妈妈可以轻声、简单地对图画内容进行描述，引导宝宝发挥想象。

4. 在重复听第三遍的时候，妈妈鼓励宝宝描述他在音乐声中感受到的事物，或者让宝宝闭上眼睛听音乐，描述图片上的风景内容。

还能这样玩

1. 刚开始游戏时，妈妈准备象声词较多的儿歌，在听儿歌时，妈妈和宝宝可以讨论图片的内容，比如动物的形状，音乐中动物的声音等。

2. 妈妈可以结合音乐风格，给宝宝朗读一篇优美的文字，即使宝宝听不懂也没关系，有妈妈的声音陪伴，还有优美的音乐声，宝宝会很开心。

蒙氏箴言

游戏开始时，妈妈可以给宝宝描述音乐中的场景，或利用图片来帮助宝宝理解音乐的内容；当这样的活动多进行几次后，妈妈再要求宝宝描述音乐或讲解图片，宝宝描述或讲解时，妈妈要注意引导宝宝体会音乐中的情感，想象音乐中表现的内容，培养他的想象力。

摇铃铛

关键词：听觉能力、语言能力

游戏准备：带有手柄的铃铛或拨浪鼓，一些可以发出声响的玩具。

游戏目的：锻炼宝宝的听觉能力，激发宝宝的语言能力。

妈妈宝宝一起玩

1. 妈妈拿起拨浪鼓，轻轻摇晃几下，吸引宝宝的注意，让宝宝将注意力集中到妈妈身上。

2. 妈妈握着宝宝的小手，帮助宝宝拿稳拨浪鼓，妈妈一边摇，一边念儿歌。

3. 妈妈拿着拨浪鼓在宝宝眼前，从宝宝的左边、右边后面等不同方向发出声音，训练宝宝向发音的方向转头寻找声源。

还能这样玩

在宝宝的小床上方悬挂一个风铃，当宝宝扭动身体的时候，风铃会发出悦耳的响声，宝宝会寻找声音的来源。爸爸妈妈也可以轻轻拨弄风铃发出响声，引起宝宝的注意。

蒙氏箴言

宝宝拥有良好的听觉才能通过听来学会说话，锻炼宝宝的听觉也是激发宝宝语言能力的一种方法，爸爸妈妈同时和宝宝玩的时候，就可以在不同的方向发出声响，锻炼宝宝的听觉，让宝宝拥有一个良好的听力，这样宝宝就会通过听来学习语言。

妈妈读儿歌

《风 铃》

小风铃，床上挂，
风一吹来摇呀摇。
叮叮铃铃唱得好，
乐得风儿用力摇。

男孩与女孩

关键词：性别观念、自我意识 卧室里的游戏

游戏准备：一些彩色图片，图片上有男孩、女孩、穿衣、玩耍、吃饭等的画面。

游戏目的：满足宝宝对性别的好奇心，建立正确的性别概念。

妈妈宝宝一起玩

1. 出示图片，让宝宝辨认图片中谁是男孩，谁是女孩，谁是哥哥，谁是弟弟，谁是姐姐，谁是妹妹，注意性别的区分。

2. 让宝宝选出他希望妈妈给他买的衣服的图片，并说一说，男孩应该穿什么样的衣服，女孩应该穿什么样的衣服。

3. 让宝宝说一说男孩与女孩在头发、服装、身体特征等方面上有什么不同。

4. 让宝宝和图片中的哥哥或姐姐对比一下，自己哪方面跟他们是一样的，然后告诉妈妈自己是男孩还是女孩。

蒙氏箴言

对性别以及对身体的好奇是宝宝一种很自然的心理和行为，是宝宝成长过程中的必然经历。一般来讲，宝宝的性别观念是在4岁左右产生的。在4～5岁时，他们会对人的身体，特别是异性的身体表现出明显的兴趣。

温馨提示

通过图片等方式，让宝宝在轻松的氛围中了解自己的性别，有助于宝宝进一步了解自己，更好地控制自己的行为，这对宝宝自我意识的发展有很大的帮助。带宝宝外出时也可以和宝宝一起辨认男女，平时妈妈在对宝宝的打扮和培养上也要注意性别的区分。

做鬼脸

关键词：幽默感

卧室里的游戏

游戏准备：一个微笑的玩具娃娃。

游戏目的：培养宝宝的幽默感。

妈妈宝宝一起玩

1. 妈妈可以拿着微笑的玩具娃娃吸引宝宝的注意力，对着宝宝吐舌头，并观察宝宝的反应，在吐舌头的时候一定要慢，让宝宝能够完整的观察到妈妈吐舌头的全过程，并慢慢地模仿。

2. 妈妈可以瞪大眼睛看着宝宝，并用力将脸鼓起来，然后拿起宝宝的小手放在脸上，轻轻地按压，然后往外吐气。

3. 让宝宝抓一下妈妈的耳朵，在他抓住耳朵的时候，对着宝宝吐舌头。

4. 抓住宝宝的手让他摸妈妈的鼻子，当他摸到鼻子的时候，妈妈可以缩紧鼻子上的肌肉，让宝宝感受到鼻子的变化。

蒙氏箴言

宝宝在出生两天后就能够模仿爸爸妈妈一些简单的面部表情，平常多对宝宝做一些“鬼脸”，也是增加宝宝幽默感的重要方式之一。幽默感不仅可以让宝宝今后能够更加的快乐，还能提升宝宝的社交能力，让他用幽默来感染每一个身边的人。

温馨提示

妈妈在吐舌头的时候，速度一定要慢，让宝宝能够完整地观察到妈妈吐舌头的全过程，这样宝宝模仿起来也比较容易。妈妈也可以将宝宝抱在怀里，给宝宝挠痒痒，让宝宝在妈妈的怀里嬉笑着躲闪挣扎。

我从哪里来

关键词：想象力、创造力

卧室里的游戏

游戏准备：关于小宝宝孕育生长过程的影像资料，节奏欢快的轻音乐。

游戏目的：锻炼宝宝的想象力，让宝宝收获一定的合理知识。

妈妈宝宝一起玩

1. 妈妈问问宝宝是从哪里来的，让宝宝自由回答。

2. 播放准备好的影像资料，让宝宝进一步以科学的方法了解自己的成长过程。

3. 根据影像资料提问：这讲的是一个什么故事？看完后你有什么感受？小宝宝在妈妈的肚子里像什么？

4. 回答后，请宝宝扮演一个肚子里的小宝宝，跟着音乐一起动一动，如肚子里的宝宝像个小蚕豆时，就紧紧地抱成一团，一动也不能动。小宝宝长大了些，动动小手和小脚……感受自己的成长过程。

蒙氏箴言

通过这个游戏可以让宝宝了解自己在妈妈肚子里的生长过程。鼓励宝宝用动作表现自己在妈妈肚子里的成长变化，还能发展宝宝的想象力和创造力，激发宝宝对妈妈的爱，促进亲子之间的亲密情感，同时还能帮助妈妈解决宝宝“我从哪里来”的疑问。

温馨提示

作为父母，首先自己要很坦然面对性教育问题，然后用很自然的态度面对宝宝的这种好奇心，并借助科学的方式向他解释，这样他的这种好奇就会很容易消失。

拍拍手

关键词：灵活性、双手的配合度

卧室里的游戏

游戏准备：几首节奏欢快的童谣。

游戏目的：训练宝宝手的灵活性和双手的配合度。

妈妈宝宝一起玩

1. 房间中播放着欢快的童谣，妈妈和宝宝面对面做好。

2. 握住宝宝的两只小手，边拍手边说“拍拍小手呀！”

3. 这样重复的做几遍，然后放开宝宝的手，并对宝宝说：“来！宝宝我们来拍拍手！”

4. 在旁边给他做示范，让宝宝自己拍手。

5. 用同样的方法进行点头的训练。

蒙氏箴言

许多年轻的妈妈经常犯这样的错误：若宝宝指着水瓶，你马上明白宝宝想喝水了，于是把水瓶递给他，这种满足宝宝要求的方法会使宝宝的语言发展缓慢。因为宝宝不用说话，你就满足其要求了，宝宝失去了说话的机会。所以当宝宝想喝水时，你可以给他一个空水瓶，他拿着空水瓶，想要得到水时，会努力去说“水”。这样宝宝的语言能力得到了锻炼。

温馨提示

注意宝宝情绪，如果宝宝不高兴就要安抚宝宝的情绪。多称赞宝宝，然后慢慢引导宝宝继续玩游戏。

小乌鸦喝水

关键词：想象力、创造力

卧室里的游戏

游戏准备：《乌鸦喝水》的故事及其图片。

游戏目的：促进宝宝想象力和创造力的发展。

妈妈宝宝一起玩

1. 妈妈和宝宝一起观赏乌鸦喝水的图片；观赏完后，妈妈告诉宝宝今天要给他讲《乌鸦喝水》的故事，请宝宝听一听，乌鸦是怎么喝到水的。

2. 妈妈讲故事，并进行提问，比如乌鸦怎么了，乌鸦遇到了什么困难，乌鸦是如何解决困难的等。

3. 妈妈再讲故事，问宝宝：“如果宝宝是其他小动物，准备怎样运石头。”

4. 最后，妈妈和宝宝讨论：如果你是小乌鸦，你会想什么办法让自己不渴呢？引导宝宝根据故事续编或添加故事情节。

蒙氏箴言

给宝宝讲故事，能培养宝宝的倾听能力。

让宝宝融入故事情节中，想象自己就是小乌鸦，然后鼓励宝宝给故事续编或创编情节，激发宝宝的想象力和创造力，让宝宝懂得遇到困难要动脑筋想办法的道理。

温馨提示

对于宝宝不时说出的某个故事的人物名称，或故事人物的语言，父母可以顺势陪着宝宝演一演，这样既能促进宝宝想象力和创造力的发展，提高宝宝的阅读效果，还能促进亲子之间的亲密情感。

看天气

关键词：记忆力、生活技能

卧室里的游戏

游戏准备：一张带有天气预报的报纸。

游戏目的：增强宝宝对不同天气的记忆力，加强对天气的概念。

妈妈宝宝一起玩

妈妈可以每天都抱着宝宝到窗边，让他看看窗外的天气，并为宝宝说今天是个什么样的天气，给宝宝指天空中的白云，让宝宝看雨或雪等自然天气的现象。让宝宝养成观察天气的好习惯。每天为宝宝读天气预报，通过妈妈的朗读，加强宝宝对不同类型天气的记忆力，加深对已获取信息的概念。

还能这样玩

准备具有不用天气特征的卡片，教宝宝认识不同的天气，当认识风天的时候，妈妈可以对着宝宝吹气，让宝宝感受气流的变化。

蒙氏箴言

不论什么习惯都是从小养成的，爸爸妈妈不要认为宝宝还小就疏忽对宝宝习惯的培养，不要认为宝宝以后就什么都会了。为了让宝宝拥有一个良好的习惯，为了让宝宝能够掌握一些生活的技能，及早的独立，爸爸妈妈需要从小就对宝宝进行培养，不要让宝宝输在起跑线上。

妈妈读儿歌

《天气预报》

蜜蜂采蜜忙，天气放晴朗；
蜘蛛忙织网，阴雨转晴天；
蜻蜓到处飞，风雨闪雷电；
田螺浮水面，风雨在眼前。

多变的天气

猜不同

关键词：观察能力、辨别力

卧室里的游戏

游戏准备：造型相似的两个玩偶。

游戏目的：使宝宝善于观察，辨别两个玩偶的不同。

妈妈宝宝一起玩

1.拿出其中一个玩偶，给宝宝指出这个玩偶的特点，并向他不停地重复，然后再拿出第二个玩偶，告诉他这个玩偶的特点。

2.将两个玩偶同时摆在宝宝的面前，让他指出这两个玩偶的不同。

3.这个游戏适合1岁左右的宝宝玩，如果宝宝不理会妈妈的提问，或是只顾着自己玩，妈妈不要勉强宝宝，让他先玩。如果宝宝指出了1～2个不同的地方，妈妈一定要开心地给予宝宝鼓励。

还能这样玩

在给宝宝讲故事的时候，和宝宝一起看图画书，并给宝宝讲解两幅图画的不同之处，吃东西的时候也可以给宝宝两种不同的食物，让他从形状、颜色、味道等方面观察，了解事物的不同之处。

蒙氏箴言

在日常生活中，爸爸妈妈也要让宝宝去发现相似事物的不同，告诉他哪个是安全的、哪个是危险的，让宝宝通过观察来发现不同事物的差异，学会具体地观察事物。培养宝宝的观察力是让他掌握更多技能的关键，只有善于观察，才能让宝宝的能力更快地提升。

有话慢慢说

关键词：表达能力、语言智能

卧室里的游戏

游戏准备：宝宝哭泣的时候。

游戏目的：促进宝宝语言表达能力的发展。

妈妈宝宝一起玩

1. 妈妈先观察、分析宝宝哭泣的原因，比如想要某东西，受委屈了等等。

2. 妈妈根据分析的结果选择应对的方法，例如，鼓励宝宝用语言表述就满足他的心愿。

3. 宝宝情绪稳定下来后，妈妈让宝宝坐在身边或怀里，问宝宝："宝宝为什么要哭呢?有什么事情可以和妈妈说，妈妈来帮你想办法。"

4. 再遇上宝宝哭泣、情绪不稳定的时候，妈妈一定要先稳住宝宝的情绪，再引导宝宝表述自己哭泣的原因。

蒙氏箴言

哭泣敏感期的宝宝，大多数是因为语言表达能力还不够好，父母要鼓励他慢慢表达自己的需求，促进宝宝语言表达能力发展的同时，还要培养宝宝的内省智能。

如果宝宝是无理取闹的哭泣，父母不要妥协，以免养成宝宝骄横、不讲道理的性格。

温馨提示

父母在宝宝语言敏感期内，要教宝宝学会用语言表达自己，而不是用哭泣引起别人的注意，这样不仅可以促进宝宝语言表达能力的发展，还有助于宝宝思维方式的形成与发展，对宝宝的成长有重要的意义。

飞行的小鸟

关键词：视觉能力、右脑发育

卧室里的游戏

游戏准备：一直彩色的玩具小鸟。

游戏目的：用鲜艳的颜色刺激宝宝的视觉，激发右脑潜能

妈妈宝宝一起玩

1 让宝宝平躺在床上，妈妈拿着玩具小鸟，模仿小鸟的叫声，上下移动小鸟，吸引宝宝的目光随着小鸟移动。

2 妈妈拿着小鸟在不同的方向飞行，最后妈妈把小鸟高高地举起，对宝宝说："小鸟现在飞累了，他要落下来休息一会，小鸟现在要落到你的肚子上啦。"

还能这样玩

当玩具小鸟轻轻落下来的时候，妈妈可以用玩具来回摩擦宝宝的小肚皮，让宝宝抓住玩具，摸一摸毛绒玩具的感觉。也可以用海绵或毛线球代替毛绒玩具。

蒙氏箴言

让宝宝追踪移动的物体，不仅可以刺激视觉能力的发展，还可以促进宝宝颈部肌肉的发育。追随不断移动的物体，可以培养宝宝的注意力，在游戏中锻炼宝宝的平和心理。

妈妈读儿歌

《小鸟》

蓝天里，有阳光，
树林里，有花香，
小鸟、小鸟，你自由的飞翔。
在田野，在草地，
在湖边，在山冈，
小鸟，小鸟，迎着春天歌唱。

认识自己的身体

钻隧道

关键词：自理能力

卧室里的游戏

游戏准备：不同颜色的塑料编织袋。

游戏目的：让宝宝通过游戏，增强自理能力。

妈妈宝宝一起玩

1. 妈妈将编织袋剪成袋子裤。这样就可以形成一个个不同颜色、不同花纹的裤子。这时宝宝看见这些袋子裤就会非常高兴。

2. 妈妈先将裤管当做望远镜让宝宝来照照，宝宝在这个过程会非常起劲。

3. 妈妈可以用钻隧道的方式，教宝宝正确穿裤子的方法。宝宝表现的兴趣也很高，他会争着穿裤子。在这个过程中，妈妈可以在边上唱着歌谣“跐溜一下进隧道，逐渐钻进另一个”。

4. 当穿完“裤子”的时候，妈妈可以邀请宝宝唱唱歌、跳跳舞，宝宝在表演的过程中，肥大的裤子随着音乐一扭一扭，可爱极了。

蒙氏箴言

在进行这个游戏的时候，宝宝可以感受到自我服务的快乐，同时也获得成功感，逐渐地宝宝就会喜欢穿脱裤子并学会这个动作。妈妈可以抓住宝宝的这个特点，让宝宝学会其他动作，如穿鞋、洗衣服等。

妈妈读儿歌

《穿衣服》

一件衣服四个洞
宝宝钻进大洞洞
脑袋钻进中洞洞
小手伸出小洞洞

挠痒痒

关键词：良好性格、心理 卧室里的游戏

游戏准备：无。

游戏目的：培养宝宝愉快的情绪，形成乐观、开朗的性格。

妈妈宝宝一起玩

1. 把宝宝抱在怀里，逗他挠痒痒，让宝宝在妈妈怀里嬉笑着挣扎躲闪。然后停止片刻，再开始继续做游戏。

2. 还可以和宝宝面对面坐在床上，身体前倾挠宝宝痒痒，直到宝宝仰身倒在床上；或者与宝宝面对面站着，伸出胳膊挠他痒痒，追着他跑。

3. 速度不要太快，以免宝宝摔倒。父母还可以装出一副吓人的模样，张牙舞爪的假装要挠他痒痒。让他体验到不同的幽默方式。

4. 在和宝宝玩这个游戏时，要通过各种夸张的表情与动作来增强游戏的趣味性，让他学会表达自己的幽默感。

蒙氏箴言

你知道吗，宝宝很喜欢你和他玩挠痒痒的游戏，“小虫虫爬呀爬”，他紧张地看着你的手指一路在他身上划出轨迹，会开怀大笑。这样的游戏能够帮助宝宝存储有关自己身体的各种信息。“挠痒痒”是熟悉身体不同位置的极好机会。游戏的同时，也增进了亲子间的感情，使宝宝活的一份好心情。

温馨提示

挠痒痒不是捏，也不是用力按压，尤其是不能按压宝宝的肚子。宝宝的皮肤很娇嫩，我们认为没有什么力量的按压，他却承受不了。

第四章

玩在餐厅

乐器对对碰

关键词：听觉能力、认真做事

餐厅里的游戏

游戏准备：宝宝用的锣、鼓、板、钟等打击乐器各一对，挡板一块。

游戏目的：刺激听觉能力的发育，培养宝宝认真做事的好习惯。

妈妈宝宝一起玩

1. 妈妈将准备好的乐器分成两组，每组中的乐器都互不相同，将这两组乐器放在桌子的两边，并将挡板放在桌子的中央。

2. 让宝宝坐在桌子的一端，妈妈在另一端敲击乐器，让宝宝在挡板的那端仔细聆听，并逐一敲击他这一端的乐器。

3. 等选择完毕后，妈妈可以拿起中间的挡板，看看宝宝和妈妈拿的是否是同一乐器。

蒙氏箴言

这个游戏不仅能养成宝宝认真做事的习惯，还能锻炼宝宝的听力，让宝宝对不同的声音更加敏感。

绝大多数宝宝都有一种天生的节奏感，或者说节奏的本能。当他们还是妈妈腹中的胎儿时，就已经感受着妈妈有节奏的心脏搏动。出生以后，他们来到一个充满各种节奏的声音王国，因而对各种声音的节奏尤为敏感，父母应经常通过与宝宝玩乐器、拍掌等活动培养宝宝的节奏感。

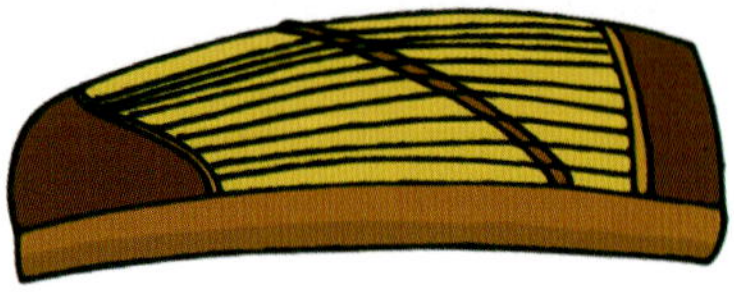

敲水瓶

餐厅里的游戏

关键词：听觉潜能、习惯培养

游戏准备：大小、形状、颜色都相同的玻璃饮料瓶3对，小木棒一根，一块吸水海绵，一个托盘。

游戏目的：开发宝宝的听觉潜能，培养宝宝养成爱护物品，轻拿轻放的好习惯。

妈妈宝宝一起玩

1. 先将玻璃瓶上画上代表三种不同水深的标记，然后妈妈按照标记线往瓶子里面灌水，用托盘将所有物品放到桌子上。

2. 妈妈坐在宝宝的右侧，将玻璃瓶拿出放在桌子上，然后给宝宝做示范：拿一个瓶子放到自己的面前，用小木棒敲击水瓶并发出声音。

3. 妈妈让宝宝亲自操作，并提醒宝宝注意聆听敲击瓶子时的声音。

4. 妈妈问宝宝："要不要听听其他瓶子发出的声音呢？"得到答复后，妈妈就可以拿另一个瓶子，让宝宝敲击，并引导宝宝比较两者声音的不同，并让宝宝将发出同样声音的瓶子放在一起。

5. 当宝宝把所有的瓶子配好对后，让宝宝再用木棒敲击一边，从而验证自己配得是否正确。

6. 如果宝宝感兴趣，就让宝宝独自操作，妈妈也可以将瓶子的水做一下改变，让宝宝继续分辨声音。

7. 游戏结束后，要求宝宝和妈妈一同将瓶子中的水倒出，并用海绵吸干净水瓶外壁的水珠，然后将这些工具收拾好。

蒙氏箴言

当宝宝在玩这个游戏的时候，还可以根据宝宝学习的情况，逐渐增加水瓶的数量，如果妈妈用的是透明的高脚杯，也可以根据水量的不同，配上不同颜色的水，从而让宝宝对这个游戏更加感兴趣。

猜猜它的用处

关键词：理解能力、语言表达

餐厅里的游戏

游戏准备：餐具，动物模型，衣服，厨房、服装店、动物园的场景图片。

游戏目的：提高宝宝的理解能力。

妈妈宝宝一起玩

1. 妈妈先将准备好的餐具、动物模型、衣服都散放在地上，然后说出一些物品的性能，并让宝宝找出并说出名称，比如“宝宝在吃饭的时候就是拿它在吃饭，它是什么呢？”宝宝就会在餐具中找到匙子，并说出名称。

2. 然后将场景图片给宝宝看，并向宝宝解释这些都是什么场景，等宝宝理解后，让宝宝将散放在地上的物品按照场景进行分类。

温馨提示

在与宝宝玩过游戏后，让宝宝独立将玩具、图片收拾起来，放到所没放的地方，培养宝宝良好的生活自理习惯。

蒙氏箴言

宝宝在语言能力快速发展的时期，爸爸妈妈不仅要让宝宝学会说话，还要让宝宝注意倾听别人说的话，提高宝宝的理解能力。逐渐让宝宝理解日常的用语，能够清楚地说出自己想要说的事情。当宝宝说错话的时候，爸爸妈妈也不要嘲笑或指责宝宝，要耐心地引导宝宝如何正确表达。

妈妈读儿歌

《匙子帮我吃》

小小匙子手中拿，
一匙一口吃起来，
不能多来不能快，
自己吃饭真愉快！

生活小物

你知道它们都是做什么用的吗？

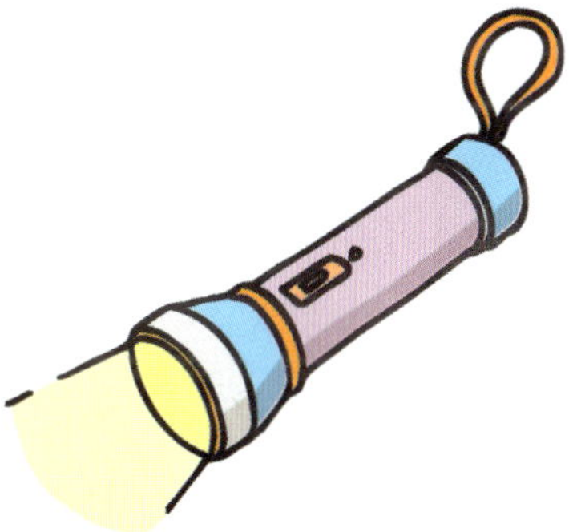

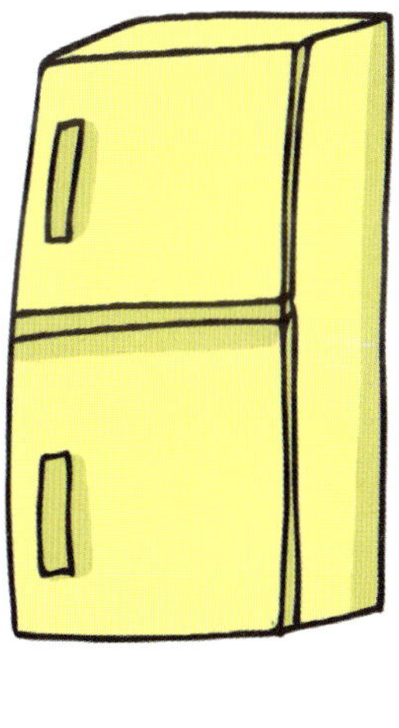

杯子游戏

关键词：逻辑思维能力、动手操作能力

餐厅里的游戏

游戏准备：形状相同、大小各异的杯子。

游戏目的：提高宝宝的逻辑思维能力和动手操作能力。

妈妈宝宝一起玩

1. 妈妈将准备好的杯子放在宝宝的面前。

2. 当着宝宝的面，将这些杯子从大到小垒在一起，或是从小到大排成一列。

3. 妈妈在摆放杯子的过程中，宝宝会饶有兴致的观察，并且总是按捺不住想要动手尝试，妈妈可以放心让宝宝操作。

4. 如果宝宝不能按照规律排列，妈妈要耐心指导，不可操之过急，打击宝宝的自信心。

还能这样玩

父母可以为宝宝买一套俄罗斯套娃，先一个一个打开给宝宝看，然后让宝宝将套娃按照大小排顺序。父母要有耐心，多多引导宝宝。

蒙氏箴言

杯子最好不要选择玻璃的，以免打碎划伤宝宝。可以用颜色不同的纸杯代替大小不同的杯子，让宝宝将同一色系的杯子套在一起，也能起到相同的作用。在宝宝玩的过程中，不要因为担心宝宝毁坏东西而制止他，这样将影响他今后的学习。

我是大米

关键词：触觉训练、认知能力　餐厅里的游戏

游戏准备：彩纸，双面胶，大米，空白纸，笔。

游戏目的：通过游戏的进行，提高宝宝自身的认知能力。

妈妈宝宝一起玩

1. 在空白纸上写“粗糙”和“光滑”两个词。

2. 将双面胶贴在彩纸上，让宝宝将米洒在双面胶上，动手制作一块谷物板。

3. 让宝宝摸摸谷物板上有米的部分和旁边没有米的部分，感受一下它们的不同感觉。

4. 拿出“粗糙”和“光滑”的字卡，告诉宝宝两个词语的意思。同时再重复一遍以上游戏步骤，加深宝宝的认知。

5. 妈妈可以将米贴成房子的形状，大米当屋顶，房子的主体贴上小米。再让宝宝感受一下大米和小米不同的粗糙感，彩纸板的光滑。

蒙氏箴言

与人类智慧最紧密的两个动作就是舌头和手的动作，让宝宝进行触觉训练可以很好地让宝宝通过手感知事物的性质。这种触觉刺激必定能够让宝宝体验不同于双眼认识事物的喜悦。

温馨提示

这个游戏的道具可以选择不同的谷物，如黄豆、蚕豆等，也可以选择不同材质的纽扣等。

筷子兄弟

关键词：右手力量、协调性

餐厅里的游戏

游戏准备：5根竹筷子。

游戏目的：训练宝宝右手的力量和协调性。

妈妈宝宝一起玩

1. 妈妈和宝宝面对面坐在餐桌旁，桌面放一根筷子，妈妈和宝宝每人拿一双筷子，用夹菜的动作，同时将桌上的筷子夹起来。

2. 为了让宝宝能够保持和妈妈动作的协调一致性，可以喊口令："1、2、3，开始！"

3. 经常和宝宝玩这个游戏，等宝宝和妈妈一起夹筷子的动作非常熟练后，可以鼓励孩宝宝尝试独自将筷子夹起来。

蒙氏箴言

及早进行手的活动功能训练，不仅可以促进手部骨骼和肌肉的发育，还可以促进大脑的发育，使宝宝不仅"心灵"，而且"手巧"，还能使宝宝享受用筷子进餐的乐趣。所以应在宝宝2～3岁时就学习如何使用筷子，尽量不用匙子。宝宝学习使用筷子时会很不熟练，姿势也不一定正确，妈妈不要心急，让宝宝自然喜欢使用筷子。

妈妈读儿歌

《小小筷子》

小小筷子本领大，
吃饭夹菜全靠它，
我用小手稳稳拿，
不乱翻，不敲打，
不让饭菜满桌撒。

萝卜和青菜

关键词：听觉记忆能力、习惯培养

餐厅里的游戏

游戏准备：萝卜，青菜。

游戏目的：让宝宝了解萝卜和青菜的外形特征，以及所含营养对人体的作用，丰富宝宝对蔬菜的认知。

妈妈宝宝一起玩

1. 制作晚餐前，妈妈拿出萝卜和青菜，先和宝宝认识一下这些蔬菜的特征。

2. 将准备好的蔬菜放到宝宝面前，妈妈向宝宝介绍萝卜、青菜的外形、颜色和营养。

3. 宝宝熟悉后，妈妈教宝宝儿歌。

4. 宝学会儿歌后，请宝宝帮妈妈清洗这些蔬菜，帮妈妈做晚餐吧。

妈妈读儿歌

《萝卜和青菜》

红萝卜，绿青菜，
红红绿绿营养在。
吃萝卜，吃青菜，
身体健康人人爱。

还能这样玩

1. 吃晚餐的时候，妈妈可以鼓励宝宝先给爸爸介绍一些菜肴的原材料，巩固宝宝的认识，锻炼宝宝的语言表达能力。

2. 很多宝宝都喜欢帮妈妈择菜、洗菜，妈妈要给宝宝这样的机会，可以给宝宝准备一个小围裙，以免宝宝弄脏衣服。在宝宝帮忙后，妈妈要表示感谢，宝宝会更开心。

蒙氏箴言

向宝宝介绍萝卜、青菜，能丰富宝宝的知识，还能借机培养宝宝爱吃蔬菜的好习惯；教宝宝儿歌，能巩固宝宝对萝卜、青菜的认识，还能锻炼宝宝的听觉记忆能力；鼓励宝宝陪妈妈一起制作晚餐，能培养宝宝勤劳的美好品质。

吃的东西

关键词：逻辑能力、想象力　餐厅里的游戏

游戏准备：水果，其他食品。

游戏目的：让宝宝通过游戏对事物的联系能力。

妈妈宝宝一起玩

1. 妈妈将准备好的一些水果如草莓、香蕉、苹果、葡萄等和其他食品零食、蔬菜、肉类等全部放在餐桌上。

2. 让宝宝说说这些东西最像什么，味道如何。如：草莓，就像一个涂满芝麻的烧饼；香蕉，好像高挂空中的月亮姐姐；苹果，让人联想到小宝宝胖嘟嘟、红嫩嫩的脸庞；葡萄，像一颗颗紫色的水晶等等。

3. 在宝宝想象的过程中，妈妈可以给宝宝一些提示，并让宝宝品尝一下香甜的水果。

蒙氏箴言

妈妈需要注意，游戏准备的“道具”没有必要很名贵，只要宝宝认识或吃过就可以了。因为它主要的用途就是开发宝宝的事物联系能力。

妈妈读儿歌

《水果歌》

什么水果红红的？
苹果苹果红红的。
什么水果黄黄的？
香蕉香蕉黄黄的。
什么水果绿绿的？
西瓜西瓜绿绿的。

小型农场

找一找，你看到了哪些小动物？

用匙子

关键词：独立能力、协调能力　餐厅里的游戏

游戏准备：一支精致的小匙。

游戏目的：让宝宝掌握使用匙子的技巧，提高宝宝手部的协调能力。

妈妈宝宝一起玩

1. 当宝宝第一次看见匙子时，只当它是个有趣的玩具，并不知道匙子到底有什么用处。这时，妈妈就可以拿着匙子在宝宝面前假装吃饭，并表现得兴高采烈，边“吃”边说：“好吃好吃！太好吃了！”如此来吸引宝宝的注意力。

2. 再用匙子舀起一些食物喂宝宝，让宝宝明白匙子的真正用途。

3. 等到宝宝大一些的时候，妈妈就可以把匙子拿给宝宝，让宝宝模仿妈妈吃东西的样子，用匙子自己来舀东西吃。

温馨提示

在宝宝还没有掌握如何使用匙子之前，宝宝拿着匙子玩时，妈妈一定要保证宝宝的安全。

蒙氏箴言

自己吃饭是宝宝能够独立的一大技能，爸爸妈妈要根据宝宝的年龄段来对宝宝进行相应的训练，让宝宝能够循序渐进地掌握这些技能。

妈妈读儿歌

《小匙子》

吃饭时，要坐好。
左手扶着碗，右手拿着匙。
不剩饭，慢慢嚼。
宝宝吃饭香，健康长得高。

比大小

哪一个是大匙子？哪一个是小匙子？

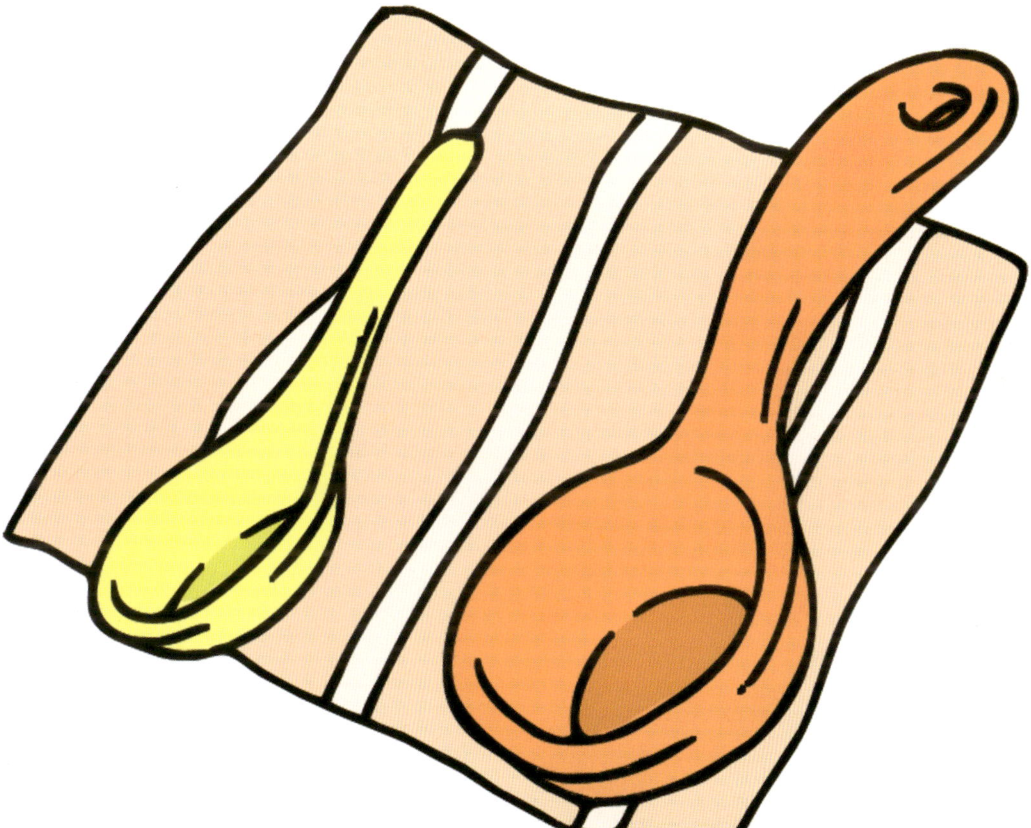

排排坐吃果果

关键词：对应关系、表达能力

餐厅里的游戏

游戏准备：与家里人数相对应的筷子、水果，宝宝所有的毛绒玩具。

游戏目的：让宝宝学会生活中的对应原理。

妈妈宝宝一起玩

1. 当准备吃饭的时候，妈妈可以给宝宝拿一些筷子，让宝宝给家人发筷子。吃完饭之后，妈妈可以端着一些水果，然后让宝宝一个一个地发给家人。

2. 将家里的毛绒玩具一字摆开，给宝宝一些卡片，然后让宝宝给每个毛绒玩具都发一张。

还能这样玩

1. 父母平时分配的时候，也要先给爷爷、奶奶，让宝宝有尊敬长辈的意识。

2. 接到宝宝递过来的水果的人，要对宝宝说“谢谢”或其他夸奖宝宝的话。

3. 遇到宝宝特别喜欢的水果，妈妈可以把自己的和宝宝交换，作为鼓励宝宝尊敬长辈的奖励。

蒙氏箴言

在日常生活中有很多可以帮助宝宝提高生活能力的游戏，爸爸妈妈不能对宝宝的所有事情都包办，要有意地让宝宝自己做一些力所能及的事情。在宝宝独立做某件事情的过程中，不仅能加强宝宝的动手能力，提高日常生活能力，还可以让宝宝通过实践学到更多的知识。宝宝的模仿能力与学习能力都很强，所以，爸爸妈妈要利用这个机会教育宝宝，让宝宝更加优秀。

喜欢的水果

小朋友，你都喜欢吃什么水果？说一说它们的味道。

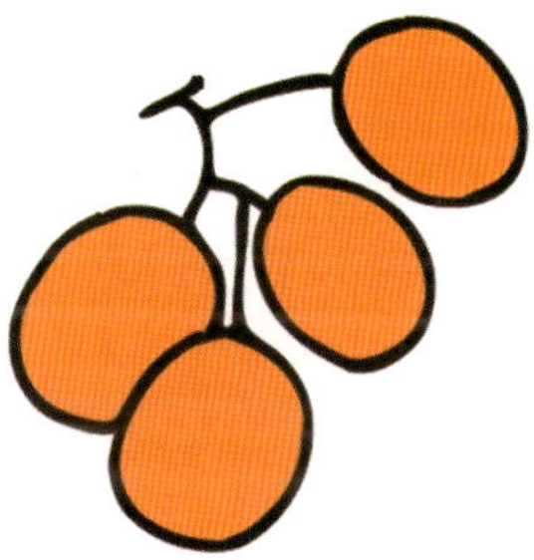

米粒我要捡起来

关键词：生活与行为习惯　餐厅里的游戏

游戏准备：一些小朋友将桌子上的米粒捡起来的图片。

游戏目的：让宝宝珍惜粮食，促进宝宝养成良好的生活与行为习惯。

妈妈宝宝一起玩

1. 妈妈先给宝宝看准备好的图片，并告诉宝宝，图片上的小朋友都知道将吃饭时不小心掉下的米粒捡起来，鼓励宝宝向图片上的小朋友学习，在自己吃饭时也要将不小心掉下来的米粒捡起来，告诉宝宝要珍惜粮食。

2. 在宝宝吃饭的时候，妈妈还要经常提醒并鼓励宝宝向图片中的小朋友学习，养成一个良好的进餐习惯。

蒙氏箴言

所谓日常生活的能力，也就是让宝宝养成良好的习惯，让宝宝能够早日独立。宝宝的身上有很多的潜能，爸爸妈妈不要因为宠爱宝宝，认为宝宝还没有长大，就不教宝宝一些生活的基本能力，这只会让宝宝生活越来越不能独立，让宝宝养成依赖他人的习惯。因此，爸爸妈妈一定要适时培养并训练宝宝一些能力，满足宝宝学习的欲望，也让宝宝今后能够养成良好的习惯。

妈妈读儿歌

《锄禾》

锄禾日当午，汗滴禾下土。
谁知盘中餐，粒粒皆辛苦。

玩带盖的杯子

关键词：抓握能力、感知能力

餐厅里的游戏

游戏准备：一个带有鲜艳图案的、带盖的小杯子，杯子的口径最好能让宝宝用手握住。

游戏目的：练习宝宝手部的抓握能力，激发宝宝各种感知能力。

妈妈宝宝一起玩

1. 妈妈拿着小杯子站在距离宝宝半米远的地方，吸引宝宝的注意，当宝宝伸手要时，不要将杯子直接给他，而是握着宝宝的手协助他将杯子的盖子打开，尝试几次后，就可以让宝宝自己玩了。

2. 当宝宝拿着杯子和盖子玩一会儿后，妈妈就要将盖子盖在杯子上，让宝宝自己去尝试开盖子。

3. 如果宝宝能够认真地观察杯子，并能将盖子打开2～3次，这个游戏就基本成功了。但是宝宝一般要尝试几次后才能将盖子打开，妈妈一定要有耐心。

还能这样玩

将杯子清洗干净，倒入宝宝喜欢喝的果汁，盖好盖子，让宝宝自己将杯盖揭开，品尝果汁。

蒙氏箴言

宝宝每天都能发现很多新奇的东西，他们会不停地走到这儿、走到哪儿，不停地翻出对他们来说十分新鲜的物品，他们会十分认真地观察手中的“新鲜物”，并会发出一些疑问的声音。

温馨提示

当妈妈看到宝宝把家里翻得乱七八糟时，不要责罚宝宝，而是要告诉宝宝把拿出的东西放回原处，并给他们做示范，虽然宝宝还不能理解为什么这么做，但时间一长，等到他们能够理解这些意思时，就会模仿妈妈将东西放回原处，养成一个良好的习惯。

第五章

玩在厨房

水的温度

关键词：触觉能力

厨房里的游戏

游戏准备：常温状态下的水，零下10℃的冰水，玻璃杯。

游戏目的：让宝宝通过游戏，学习按不同温度分类的能力。

妈妈宝宝一起玩

天气热了，家里就会准备一些冰的东西，如饮料、啤酒、冰水、冰棍、冰镇绿豆汤等。而水也是不用花钱的“饮料”，所以，在进行这个游戏的时候，需要准备常温的白开水和零下10℃冰水。

1. 妈妈要先将这两种不同的水装进玻璃杯中，交给宝宝。

2. 让宝宝体会，这两种水有什么不同。

3. 宝宝首先会闻一闻，再尝一尝，最后就是摸一摸，之后就会回答：“没有什么异常的气味和味道，只是一个是常温的水，一个是冰的水。”

还能这样玩

妈妈用小碗装好水，放到冰箱的冷冻层，等到冻成冰块的时候，拿出来让宝宝触摸，并对宝宝说：“水变成了冰块，冰块又硬又凉”然后妈妈把冰块拿到太阳下，让宝宝仔细观察冰块发生了什么变化，并告诉宝宝冰块是怎样融化的。冰块全部融化后，让宝宝感受水的温度。

蒙氏箴言

根据上述的游戏过程，让宝宝区分不同温度的水，学习如何按不同温度分类的能力。但是妈妈也需要注意：水温的差异要明显，否则宝宝不会察觉出来，游戏也就进行不下去了。

舌头训练操

关键词：舌头灵活性、语言表达能力 厨房里的游戏

游戏准备：纸杯，果酱，匙子。

游戏目的：训练宝宝舌头运动的灵活性。

妈妈宝宝一起玩

1. 妈妈将事先准备好的果酱涂满纸杯的边缘。要求宝宝用舌头顺着杯缘绕圈，将果酱舔掉。

2. 妈妈将果酱直接涂抹在宝宝的嘴巴上，让他依照妈妈的指令（上下左右），用舌头将果酱舔舐入腹。

3. 将果酱涂在上下牙齿上，让宝宝给牙齿做清洁工作，然后将果酱舔舐干净。

蒙氏箴言

这个游戏的主要作用就是要训练宝宝舌头的灵活性，然后通过一系列的动作，提高语言表达能力。不过，随着时间的增加，妈妈可以提高游戏的难度，让宝宝更有兴趣参加游戏。

温馨提示

在做这个游戏之前，妈妈一定要将杯子清洗干净，并保持宝宝小手和脸部清洁，以避免宝宝在游戏的时候沾染细菌。

认识蔬菜

关键词：观察能力，味觉能力　厨房里的游戏

游戏准备：黄瓜、胡萝卜、番茄等可生食的时令蔬菜，牙签，盘子，眼罩，水果刀。

游戏目的：使宝宝养成爱吃各种蔬菜、不挑食的好习惯。

妈妈宝宝一起玩

1. 妈妈将准备好的蔬菜给宝宝，让宝宝仔细观察，并引导宝宝说出这些蔬菜的名称。

2. 妈妈将准备蔬菜切成小块，放入盘中，让宝宝带上眼罩。

3. 妈妈用牙签将蔬菜叉起放入宝宝的嘴里，让宝宝品尝，并在宝宝吃完后说出所吃蔬菜的名称。

4. 妈妈也可以将这三种蔬菜换成各种干果或水果，让宝宝进行品尝辨味。

温馨提示

做游戏之前，一定要将蔬菜清洁干净，避免细菌从口入，影响宝宝健康。

蒙氏箴言

在喂宝宝吃饭的时候，妈妈总会对宝宝不好好吃饭或只吃饭不吃菜而感到十分苦恼。这时妈妈就可以通过游戏的方式，让宝宝吃一些蔬菜，从而为宝宝补充营养，使宝宝健康成长。

妈妈读儿歌

《红萝卜绿青菜》

红萝卜，绿青菜，
红红绿绿真可爱。
吃萝卜，吃青菜，
身体健康人人爱。

你吃过哪些绿颜色的蔬菜

厨房小秘密

关键词：生活能力、肢体协调性

游戏准备：拖鞋，遥控器，小匙，筷子，碗等生活用具。

游戏目的：提高宝宝的日常生活能力。

妈妈宝宝一起玩

1. 妈妈将所准备好的游戏道具放到宝宝面前，和宝宝说：“今天我们打扫房间，将这些用具都摆放到正确的位置吧。”

2. 如果宝宝不知道某一用具的准确摆放位置时，妈妈要提示宝宝：“匙子是吃饭用的，妈妈平时在哪里吃饭呢？”

3. 当宝宝将所有用具回归原位后，妈妈要及时表扬宝宝。

还能这样玩

妈妈故意将遥控器放在厨房，带宝宝到厨房仔细观察，引导宝宝找遥控器，并放回原位。

蒙氏箴言

这个游戏在提高宝宝日常生活能力的同时，对肢体协调性的发展也具有很好的效果。

温馨提示

虽然厨房也是和宝宝做亲子游戏的好地方，但是要注意厨房餐桌上的安全问题：先把刀具、叉子等尖锐物体收起来，告诉宝宝不要乱动，不要靠近燃具。给宝宝做游戏用的东西，最好是一些食物和安全的用具。

挑一挑厨房用具

哪些物品应该摆放在厨房里，快来挑一挑。

喝饮料，说名称

关键词：知识、综合感知

厨房里的游戏

游戏准备：一杯牛奶，一杯苹果汁，一杯矿泉水，一杯绿茶。

游戏目的：提高宝宝的味觉敏感度。

妈妈宝宝一起玩

1. 将准备的饮料逐一摆放在宝宝面前，所有的饮料要用一样的杯子。

2. 告诉宝宝："现在我们来尝一尝杯子里是什么饮料，不许用眼睛看。"

3. 给宝宝端一个杯子，让宝宝闭上眼睛，用鼻子闻一闻，然后喝一小口，说出饮料是什么。如果宝宝说的不对，可以让他看一眼，再来猜。

4. 依次让宝宝品尝各种饮料，说出是什么。

还能这样玩

生活中宝宝用到味觉的机会有很多，可以利用任何一个机会来锻炼宝宝的品尝辨别能力，比如喝的各种汤，妈妈烹制的各种菜，以及各种馅料的包子、饺子等。

蒙氏箴言

味觉的发展因人而异，人和人之间差别非常大。这其中有少量遗传的因素，更多的原因是训练。从小开始训练味觉，能使宝宝获得敏锐的味觉辨别能力，并能够保持下去。

温馨提示

给宝宝喝的饮料一定要符合科学的安全标准，无防腐剂、无人工色素、无添加剂和香精，最好是选择天然的饮料或加水稀释的天然饮料，如牛奶、鲜榨果汁等。

尝一尝

第六章

玩在浴室

刷牙小常识

关键词：自理能力、生活习惯

游戏准备：牙刷，牙膏，刷牙杯。

游戏目的：在游戏中融入生活技能训练，让宝宝在玩耍中学会刷牙的方法，培养宝宝良好的生活习惯。

妈妈宝宝一起玩

1. 妈妈先熟悉歌谣。

2. 给宝宝示范接水、挤牙膏、刷牙的动作。

3. 按照歌谣的顺序指导宝宝学会刷牙。

妈妈读儿歌

《刷牙歌》

水杯接水半杯满，牙刷入杯要浸湿。
挤出牙膏黄豆大，再给牙膏戴帽子。
喝口水来漱漱口，小小牙刷手中拿。
上牙从上向下刷，下牙从下向上刷。
咬合面来回刷，内侧里面也要刷。
刷完牙，漱漱口，牙膏沫沫吐出来。
牙刷牙杯洗一洗，轻轻摆好放整齐。
刷完牙，擦擦嘴，牙齿白净人人夸。

蒙氏箴言

3岁的宝宝具有强烈的独立意识，这个时期是培养宝宝良好生活习惯的最佳时期。对于独生子女来说，自立精神将会影响其今后一生的发展，在竞争激烈的未来社会，一个勇敢、独立的人才会被社会所接纳。

温馨提示

每次用完牙刷后要彻底洗涤，并将水分尽量甩去，将牙刷头向上放在漱口杯里，或者放在通风有日光的地方。刷毛已经散开会卷曲、失去弹性的旧牙刷，必须及时更换，否则对牙齿和牙龈都不利。

口腔卫生很重要

你也刷，我也刷，
小小牙刷手中拿，
上下左右全刷遍，
爱清洁的好娃娃。
早也刷，晚也刷，
小小牙刷功劳大，
人人夸我讲卫生，
我是一个好娃娃。

快乐的洗澡

关键词：好情绪、人体认知　浴室里的游戏

游戏准备：玩具小橡皮鸭，浴盆。

游戏目的：让宝宝认识身体，培养宝宝爱洗澡的好习惯。

妈妈宝宝一起玩

1. 妈妈将宝宝放在浴盆里，告诉宝宝："宝宝，来和小鸭子一起洗澡了。"

2. 妈妈从宝宝头上开始洗起，同时配合儿歌："小宝宝来洗澡，洗头发（搓宝宝头发），洗脸蛋（擦洗脸蛋），洗胳膊（搓洗宝宝胳膊），洗肚皮（洗宝宝肚皮），洗小腿（搓洗宝宝双腿），最后洗洗小脚丫。"

3. 妈妈也可与宝宝玩游戏："小孩小孩真爱玩：摸摸这儿，摸摸那儿，摸摸你的小脸蛋儿（肚皮、腿）。"巩固宝宝对身体部位的认识。

蒙氏箴言

在进行这个游戏的时候，妈妈一定要注意，宝宝洗澡时候的水温问题；还有洗漱用品，需要是宝宝年龄专用的，不要和大人的混用。

如果宝宝够不到后背的话，妈妈可以先替宝宝清洗，当宝宝能够洗到后背的时候，妈妈就可以放手不管了。

温馨提示

洗澡的时候不要把洗发液或者沐浴液弄到宝宝的眼睛里，也不要让水流到宝宝的耳朵里。另外，要注意宝宝在游戏时的安全，不要让宝宝跑出浴盆。

洗澡的乐趣

小宝宝，爱洗澡。
满身肥皂大泡泡，
搓搓这边，搓搓那边，
干干净净真漂亮。

洗洗小手帕

关键词：讲卫生、自理能力

游戏准备：水盆，小手帕，肥皂。

游戏目的：培养宝宝的专注力，提高日常生活自理能力。

妈妈宝宝一起玩

1. 妈妈问宝宝："宝贝，你的小手帕已经脏了，你给它洗洗澡，让它变得干干净净的，好不好？"

2. 宝宝答应后，妈妈在盆中注入适量的清水，将要清洗的小手帕和要用的肥皂拿给宝宝，让宝宝动手清洗自己的小手帕。

3. 如果宝宝不知道怎样清洗，妈妈可以在旁边指导；如果宝宝对这个活动很感兴趣，不管他能不能将手帕清洗干净，妈妈都要称赞宝宝。

还能这样玩

妈妈先给宝宝准备好洗衣粉和鞋刷子，拿出平常穿的凉鞋。这个游戏在夏天进行比较好，引导宝宝回想当时妈妈在刷鞋时候的步骤。当宝宝完成之后，妈妈要表扬宝宝，提高宝宝的荣誉感。

蒙氏箴言

水既清洁又有柔性，变幻无穷，父母应多给机会让宝宝玩水。宝宝都很乐意清洗自己的小手帕、小袜子，妈妈不要担心宝宝弄湿衣服，就将这些清洗活动承包，给宝宝机会，让他清洗自己的小物品，既能满足他玩水的要求，还能锻炼他的自理能力。

倒水

关键词：专注力、协调性 浴室里的游戏

游戏准备：两个没有把手的塑料杯子。

游戏目的：训练宝宝手部肌肉的控制力。

妈妈宝宝一起玩

1. 妈妈在一个杯子里注入1/3凉水，然后再倒入另一个杯子里，来回倒一次。

2. 可以让宝宝模仿妈妈的做法，也来回倒水。

3. 也可以在杯子里装入一些米，然后倒入另一个空杯子里，来回倒。

还能这样玩

让宝宝学会自己整理玩具物品，把他的玩具和物品专门放在一个地方，让宝宝知道这些东西有各自的位置，每一次玩完都要送回去。

蒙氏箴言

缺乏爱的宝宝，往往表现出胆小、恐惧、退缩、易怒、叛逆等消极情绪行为。如果在3岁前没有解决好这一问题，以后又得不到重视，长大后也会在性格中存留很多消极情绪的痕迹，以至于影响到他们的人际关系和事业、家庭的成功。

温馨提示

可以慢慢将杯子中的水加多，提高游戏的难度。妈妈可以适当创造游戏情境，让宝宝有更多的机会练习，逐步发展手部肌肉力量及精确性。

我自己洗手

关键词：卫生清洁、自理能力

浴室里的游戏

游戏准备：儿歌《洗手歌》，故事《小花猫生病了》。

游戏目的：培养宝宝日常生活中的自理能力。

妈妈宝宝一起玩

1. 妈妈给宝宝讲《小花猫生病了》的故事，然后问问宝宝小花猫怎么了？小花猫为什么会生病呢？

2. 宝宝回答完毕，妈妈和宝宝一起讨论洗手有什么好处。

3. 妈妈教宝宝《洗手歌》：小宝宝，勤洗手，卷起袖，淋湿手，抹上肥皂搓呀搓，清清水里洗呀洗，再用毛巾擦一擦，小手小手真干净。

4. 等宝宝学会后，妈妈帮宝宝的衣袖挽起来，带着宝宝到洗手池旁，边念儿歌边洗手。

还能这样玩

一天中任何需要洗手的时候，都可以进行这个游戏，对于宝宝来说，任何能接触到水的活动都是有趣的，并且会玩得非常快乐。

蒙氏箴言

宝宝不愿洗手是一种正常的表现，通过这个游戏，能让宝宝理解故事内容和学习儿歌，了解洗手的必要性以及洗手的正确方法。同时，在游戏中，宝宝还会发现洗手也是一件好玩的事，那么让宝宝洗手，甚至自觉在饭前便后洗手就不是什么难事了。

温馨提示

面对宝宝的任性和胡闹，爸爸妈妈不要生气，也不用头疼。给宝宝提供一种有秩序的家庭环境，帮助宝宝在这个基础上建立起“各种关系的知觉”。

彩色的鱼

关键词：颜色认知、身体协调

浴室里的游戏

游戏准备：积木，彩纸，曲别针，带吸铁石的钓鱼竿。

游戏目的：提高宝宝的身体协调性。

妈妈宝宝一起玩

1. 用彩纸剪成大小不同的鱼，在每条鱼身上别上曲别针。

2. 把鱼放入盆中，让宝宝用钓鱼竿钓鱼——只有钓鱼竿上的吸铁石碰到鱼身上的曲别针才能将鱼钓上来。

3. 游戏结束时，妈妈可以和宝宝一起数一数，一共钓了几条鱼，每种颜色的鱼有几条。

蒙氏箴言

肢体运动智能不仅是宝宝最先得到发展的能力，还能为宝宝其他各项智能的发展奠定坚实的基础。专家研究也表明：越早对宝宝进行身体运动方面的训练，对宝宝全面智能开发的作用就越大。肢体运动智能有强弱之分，但后天环境对宝宝这种能力的开发和发展起着重要的促进作用。

温馨提示

妈妈先示范怎样钓鱼，可以先握住宝宝的手，教宝宝钓鱼的方法，然后再让宝宝自己尝试。鱼的数量不宜过多，可在颜色和大小上有所区别。

捞球

关键词：左脑发育、精细动作

游戏准备：一个大一点的塑料盆，一些乒乓球或五颜六色的泡沫小玩具。

游戏目的：刺激宝宝的神经细胞，完善宝宝大脑的神经发育。

妈妈宝宝一起玩

1. 妈妈用塑料盆准备一大盆清水，水温要适中，不要过冷或过热，然后再将乒乓球倒入水盆中。

2. 看到乒乓球漂浮在水面，宝宝会感觉到很新奇，他就会不自觉地去抓水中的乒乓球。

3. 这个游戏最好在夏天玩，在给宝宝洗澡的时候也可以进行这个游戏，当宝宝捞起一个乒乓球后，妈妈要及时表扬宝宝。

还能这样玩

妈妈拿着乒乓球，告诉宝宝：这是乒乓球，把它拍到地上，它还会马上弹起来。然后妈妈做演示，并协助宝宝把乒乓球拍起来。

蒙氏箴言

通过水的温度及宝宝在水中感到的流动压力，可以完善宝宝大脑神经系统的发育，刺激宝宝休眠的神经细胞，由于人体的所有器官在皮肤上都有相应的反射区，因此，当宝宝在玩水时就可以促进血液循环，增强新陈代谢，减轻疼痛感。

妈妈读儿歌

《乒乓球》

一个小调皮，身穿黄外衣；
近看是鸡蛋，远看似流星；
乒乒乓，乒乓乓；
奥运会，争冠军。

挤海绵

关键词：抓握力、探索欲　浴室里的游戏

游戏准备：一块小海绵，塑料碗或塑料桶一个。

游戏目的：训练宝宝的抓握能力，促进宝宝探索欲的增强。

妈妈宝宝一起玩

1. 宝宝洗澡时，给他一块海绵，浸入水中。

2. 待海绵吸足水分后，让宝宝用手轻轻抓握海绵提起来，放到小碗里，用力把水挤出来。

3. 反复进行挤海绵的动作。

4. 还可以让宝宝比较干毛巾和湿毛巾在重量上有什么不同，感受水与物体的关系。

蒙氏箴言

性格的形成与气质有很密切的关系，爸爸妈妈要善于根据宝宝的气质类型，结合具体教育条件，逐渐在实际生活中塑造宝宝的良好性格。宝宝会在游戏中展现自己的才华，如画画好、表达能力强、社交能力优秀、会照顾别人等。每个宝宝都有不同的特性，父母可以从游戏中观察宝宝具有什么样的才能。

温馨提示

这个游戏最好在夏季进行，既可以为宝宝降温，又可以让宝宝认识到海绵吸水的特性。无论什么季节，都要控制好室温、水温和游戏的时间。

第七章

玩在户外

魔法泡泡

关键词：跑动、分享

户外的游戏

游戏准备：肥皂泡、吹泡泡的工具。

游戏目的：锻炼宝宝跑动能力，令肌肉结实，增强腿部的力量。

妈妈宝宝一起玩

1. 在晴朗的天气里，带宝宝到户外去，爸爸吹泡泡并给宝宝演示如何追泡泡并戳破泡泡，然后鼓励宝宝和宝宝一起做。

2. 如果宝宝很兴奋，在爸爸吹泡泡时就想去戳破它，则要告诉宝宝要耐心等待。

3. 如果宝宝对吹泡泡很感兴趣，可以教宝宝吹泡泡的方法，鼓励他吹泡泡。

4. 让小朋友们一起来追泡泡吧。

蒙氏箴言

1岁多的宝宝在生活离不开成人的照顾，良好的亲子关系将帮助宝宝以一种积极和稳定的心理状态面对周围的人和事。家长要在及时满足宝宝生理需要的同时满足其心理需要，多和宝宝进行愉快的情感交流，给宝宝以安全感，使宝宝形成对成人的信赖感，以培养宝宝快乐而稳定的情绪。

温馨提示

宝宝追泡泡的时候，爸爸一定要注意周边可能出现的危险，保护宝宝的安全。宝宝吹泡泡时，提醒宝宝不要用嘴接触或喝下肥皂泡。

小雨滴旅行记

关键词：自然观察、思考

户外的游戏

游戏准备：无。

游戏目的：请宝宝思考雨水从哪里来，怎样“飞”到天上，为什么要来到大地上等问题，锻炼宝宝的语言描述能力以及想象力。

妈妈宝宝一起玩

1. 下雨时，带宝宝到窗户旁观察窗外下雨的世界。

2. 妈妈和宝宝讨论：雨是从哪里来的，是怎样“飞”到天上去的，为什么要降到地上来。

3. 妈妈可以借助问题引导宝宝思考，例如，雨在天空时藏在哪里，为什么我们抬头看不到？为什么雨能“飞”到天上去，宝宝和我却不能呢？

4. 宝宝描述后，妈妈还可以编一个故事，和宝宝辩论一下，例如，我觉得雨不是宝宝说的那样，肯定是喷水龙在云朵上睡着了，突然，一朵小云彩飘进了他的鼻子里，小龙鼻子发痒，就打了一个喷嚏，所以就有了这场雨。

还能这样玩

宝宝对充满奇幻色彩的神话故事很感兴趣，妈妈可以在活动之前，借助神话故事激发宝宝的好奇心，例如，雷公电母、龙王降雨等神话故事，丰富宝宝的想象力。

蒙氏箴言

乌云的正负离子碰撞、海陆的气流流通等理由，是宝宝无法琢磨和理解的知识，妈妈不必将这些知识全部灌输给宝宝。通过提问或讲述神话故事的方式来帮助宝宝理解天气变化，不仅能让宝宝对大自然的变化更感兴趣，还能让宝宝在游戏中提高想象和语言表达能力。

做客

关键词：礼仪、人际交往

户外的游戏

游戏准备：宝宝最喜欢的毛绒玩具。

游戏目的：给宝宝提供与人交流的机会，并学会主动交流，提高宝宝语言的表达能力。

妈妈宝宝一起玩

1. 妈妈可以带着宝宝到邻居家做客，在去之前告诉宝宝要和爷爷奶奶、叔叔阿姨主动的打招呼问好，在临走的时候，要对他们说“再见”等礼貌用语。

2. 为了减轻宝宝的不安，妈妈可以给宝宝抱着他最喜欢的毛绒玩具。当到了邻居家里后，要有意识地让宝宝与他人交流，从而增加宝宝与人主动谈话的意识。

3. 妈妈还可以带着宝宝去其他的地方，先从宝宝熟悉的环境开始，逐渐再去一些陌生的地方。

蒙氏箴言

现在很多宝宝都是独生子女，因为身边没有玩伴，很多宝宝都觉得十分的寂寞，因此，爸爸妈妈不要总是把宝宝关在家中，要让宝宝出去走走，让他拥有自己的玩伴，这样才能让宝宝在玩耍中锻炼社交能力。

妈妈读儿歌

《今天我是小客人》

去做客，问你好，
不乱跑，不乱摸，不乱碰，
人人喜欢我，人人对我笑。

开花了

关键词：辨别力、自然观察

户外的游戏

游戏准备：无。

游戏目的：到宝宝到大自然中，培养宝宝的自然观察能力。

妈妈宝宝一起玩

1. 春暖花开的季节里，带宝宝去郊外，让宝宝看一看天空，告诉宝宝天空颜色、白云的形状。让宝宝感受一下微风吹在脸上的感觉。

2. 引导宝宝观察大树的高度、小溪的流动，分辨花朵的颜色，听一听小鸟的叫声，找一找小鸟的家在哪里。

3. 引导宝宝闻一闻空气里泥土和小草的气味，闻一闻花朵的香味。

还能这样玩

有空的时候带宝宝参观植物园、动物园，让宝宝认识不同的植物、动物种类，给宝宝讲一讲每种植物、动物的特点和习性。

蒙氏箴言

丰富的刺激和感受能够让宝宝感受大自然的神奇和美好，对开发宝宝左脑的自然观察能力有很大的益处。同时，还可以提高宝宝探索自然的兴趣和能力，养成善于探索、善于发现的良好品质。

温馨提示

应在天气晴朗的时候带宝宝到大自然中，并注意选择好出行的时间段和目的地，离家不要太远，给宝宝做好防晒工作，并带上充足的饮用水，最好有爸爸陪伴。

袋鼠跳

关键词：跳跃、肢体协调

户外的游戏

游戏准备：棉布制成的大口袋，胶布，哨子。

游戏目的：训练宝宝的跳跃能力，提高肢体协性和平衡感。

妈妈宝宝一起玩

1. 在起点处用胶布做一个 “起点线”，在距离“起点线”5米远的地方，设置一个标志性建筑物。

2. 妈妈和宝宝分别钻进口袋中，双手抓住口袋的边缘，站在“起点线”处，当爸爸的哨声响起，妈妈和宝宝一起模仿袋鼠向前跳，第一个到达终点的人为胜利者。在游戏开始的时候，妈妈需要先做示范。

还能这样玩

在地上画两条直线，做为通往终点的路，让宝宝在路上向前跳，不能跳出路外。

蒙氏箴言

这个游戏不要过分要求宝宝的速度，因为年龄小的宝宝还不能很好地完成这个游戏，为避免摔倒出现意外，家长一定要在宝宝的旁边保护。

妈妈读儿歌

《袋鼠》

袋鼠妈妈有个袋袋，
袋袋里面有一个乖乖，
乖乖和妈妈相亲相爱，
相亲相爱！

找朋友

关键词：人际交往、行为礼仪　户外的游戏

游戏准备：无。

游戏目的：让宝宝知道结识新朋友的方式和礼仪。

妈妈宝宝一起玩

1. 宝宝和妈妈、爸爸都是在游乐场玩耍的小朋友，宝宝想结识新的朋友。

2. 宝宝走到妈妈身边，说："你好，我想认识你做新朋友。"妈妈回应；宝宝再找爸爸做朋友。

3. 家长和宝宝一起唱《找朋友》的歌曲，边唱边拉宝宝的手完成动作表演。"找啊找啊找朋友，找到一个好朋友，敬个礼来点点头（动作：点头），我们都是好朋友（动作：握手）。"

4. 结识新朋友后，宝宝和爸爸妈妈互换礼物，表达对新朋友的欢迎。互相亲吻和拥抱，表达对新朋友的喜爱。

5. 宝宝要回家了，对新朋友说再见，并欢迎他们以后到家里来做客。

蒙氏箴言

用儿歌的方式帮助宝宝理解简单的社会交往，是一种非常新颖的方式，同时具备相同能力的儿歌，如《礼貌歌》等，时常换着花样教宝宝学习，他也会感到非常有兴趣。

妈妈读儿歌

《礼貌歌》

同学们有礼貌，见面主动问声好。
活动时要谦让，不推不挤不打闹。
我不小心打扰你，
赶快说声"对不起"。
"没关系"笑眯眯，
请让我来帮助你。
"谢谢你""别客气"，
团结友爱传友谊。

采石头

关键词：补钙、钻研

户外的游戏

游戏准备：一个塑料袋，一个小桶。

游戏目的：让宝宝充分享受日光浴，避免缺钙。在观察自然界事物的同时，培养宝宝敏锐的观察力和好奇心

妈妈宝宝一起玩

1. 选一个晴朗的天气，带宝宝到户外有小石头的地方。

2. 提醒宝宝找某一种石头："咱们一起找一些小石头呀。""那咱们先找一些光滑的石头吧。"

3. 可以找各种各样的石头，大的、小的、粗糙的、光滑的、有棱角的、白色的、褐色的等等。告诉宝宝这些石头的特征。

4. 仔细观察小石头，说说小石头可能来自哪里。

5. 让宝宝把这些石头分类，也可以把采来的石头带回家，洗干净后在石头上面作画。

蒙氏箴言

培养宝宝的自然智慧时，掌握一些自然知识、获得一些经验，是非常必要的。认识自然就要认识植物、动物，还有自然现象。可以让宝宝认识一些常见植物，知道植物是能不断生长的，知道植物能给人类带来许多好处。

妈妈读儿歌

《踩石子》

小石子，颜色多，
小脚丫，踩一踩，
不怕痛来不怕痒，
常常锻炼，健健康康。

走直线

关键词：平衡感、肢体协调

户外的游戏

游戏准备：在地上画出一条直线。

游戏目的：提高宝宝的控制和平衡能力，感受挑战的乐趣。

妈妈宝宝一起玩

1. 妈妈示范走直线。双脚前后相接，即用右脚尖接左脚跟、左脚尖再接右脚跟，交互前进，身体保持平衡。

2. 鼓励宝宝走直线。双手侧平举，以保持身体平衡。

3. 以后可以在宝宝手上放两个小玩具，要求宝宝走直线时手上的玩具不能掉下来。

4. 等宝宝熟悉后，还可以走弧线。

蒙氏箴言

如何训练宝宝专心？所谓专心就是集中注意力。对宝宝来说，这并不是一件容易做到的事，需要父母对他进行有意识的培养。而知识、经验和性格等也都会影响宝宝的注意力。

温馨提示

刚开始宝宝会觉得比较困难，也达不到要求，不要强迫宝宝，让他走起来就可以了。可以灵活变换玩的方法，不要让宝宝觉得枯燥。

学校风采

关键词：学习能力、社会性

户外的游戏

游戏准备：学校的一些图画。

游戏目的：让宝宝熟悉学校的环境，为日后入学做好准备。

妈妈宝宝一起玩

五六岁的宝宝马上就到了步入小学殿堂的年龄了，所以这段时间妈妈要努力，让宝宝事先了解学校的环境。

1. 妈妈给宝宝补习一下小学的认知，如上课讲知识的是老师；每次放学后都要留一些作业；学习内容不再是简单的1、2、3、了，会学习更多的新知识。

2. 在日常生活中，妈妈要尽量控制一下宝宝的吃饭时间和游戏时间，避免上学的时候出现不适应的感觉。虽然学校周围人的身份与幼儿园或家庭中的人有些不同，但是宝宝还是能够很好地适应。

蒙氏箴言

童年是柔软的，儿童的大部分时光是在学校中度过的，所以无论是家长还是老师，都要创造温暖的环境，鼓励宝宝以积极的心态享受学习过程，让宝宝的学生时代充满阳光。

妈妈读儿歌

《上学歌》

东边的太阳微微笑，
树上的小鸟吱吱叫。
穿上新鲜新制服，
还要背上新书包。
今天就要上学校，
也不顽皮也不吵。
看见师长要行礼，
对待同学要和好。

宝宝上学了

情景剧

关键词：想象力、模仿能力

户外的游戏

游戏准备：几张白纸和一些彩色的画笔。

游戏目的：让宝宝通过自己游玩的经历，画出美丽的图画，不仅可以帮助家庭提升氛围，也可以增强宝宝的思维能力。

妈妈宝宝一起玩

1. 妈妈在日常生活中应该多带宝宝出去游玩，如大自然、动物园、科技博物馆等等。

2. 妈妈引导宝宝画出日常游玩时的场景，作文情景剧的“稿子”。

3. 其他家庭成员可以根据宝宝的“稿子”，演一出内容丰富的“哑剧”。

4. 宝宝担任导演的职责，指挥“演员们”按“稿子”演出。

还能这样玩

妈妈和爸爸表演一个情景剧，让宝宝仔细观看，然后根据记忆描绘出情景剧的大概内容。

蒙氏箴言

对于宝宝来说，事实与想象并没有太大的区别，角色扮演能进一步激发宝宝想象力，对右脑发展很有好处。模拟对话不仅能加深与妈妈的情感交流，还可刺激宝宝左脑的语言中枢。宝宝的想象力如果能通过语言自然表达，将极大促进左右脑开发。

温馨提示

妈妈需要注意，宝宝的“情景记忆库”可能不是很丰富，妈妈需要担负引导的责任，帮助宝宝完成他的“情景剧”。如果宝宝有做不好的地方，妈妈千万不要因为盲目指导宝宝的“创作”，而扼杀了宝宝创造性。

宝宝的家

周末在家休息，大家都在干什么呢？

走楼梯

关键词：行走、均衡发展

户外的游戏

游戏准备：带宝宝到楼梯多的建筑物里。

游戏目的：培养宝宝对数字的感知能力，完善身体运动协调能力，让宝宝全面均衡地发展。

妈妈宝宝一起玩

1. 牵着宝宝的手，边走楼梯边数台阶。

2. 在迈一只脚时数“1”，迈另一只脚时数“2”，交替进行。

3. 也可以引导宝宝在上楼梯时从“1”数到“10”，下楼梯时引导宝宝从“10”数到“1”。

4. 带宝宝去爬山，也可以一边爬，一边数台阶，增加爬山的乐趣。

妈妈读儿歌

《上下楼梯》

上下楼梯，右边行。
尊重长辈，知礼让。
把住扶手，不跑跳。
不拥不闹，人人夸。

还能这样玩

妈妈和爸爸表演一个情景剧，让宝宝仔细观看，然后根据记忆描绘出情景剧的大概内容。

蒙氏箴言

单纯教宝宝数数是一件枯燥的事，要想让宝宝乖乖地学习数数，就要想办法让他感兴趣，在快乐中学习。设计一些有趣的游戏，调动起宝宝的积极性，他自然就会数数了。

温馨提示

开始可以选择比较矮的台阶进行训练。视宝宝的体力进行锻炼，一次不要让宝宝走太多层的台阶，中间可以让宝宝适时休息一下，喝点水。

认识上和下

捉迷藏

关键词：反应能力、敏感度

户外的游戏

游戏准备：无。

游戏目的：锻炼宝宝身体的灵活性和反应的敏锐性，让宝宝学会等待和换位思考，发展其分享与合作的能力。

妈妈宝宝一起玩

1. 妈妈担当“找”的角色，宝宝来藏。

2. 妈妈数“一、二、三”开始找。

3. 妈妈要多找几个地方再“发现”宝宝，增加一些曲折性，宝宝会觉得更好玩。

4. 宝宝担当“找”的角色，妈妈来藏。

5. 找一些同龄的小朋友一起玩捉迷藏的游戏，大家轮流担当“找”和“藏”的角色，让宝宝逐渐适应和同龄人相处，一起分享游戏的快乐。

蒙氏箴言

宝宝拥有积极的分享行为，是与他人有效交往的必备条件之一。鉴于宝宝各种心理能力发展的限制，并不能真正理解分享的含义。因而，妈妈在日常生活中要为宝宝树立良好的榜样，让宝宝在观察学习中，在与成人交往中受到潜移默化的影响。

温馨提示

妈妈藏的地方不要过于隐蔽，应该能让宝宝很容易找到，如果长时间找不到妈妈，会给宝宝造成恐惧。

小小测量家

关键词：度量能力、观察力 户外的游戏

游戏准备：一根绳子。

游戏目的：让宝宝借助自己的身体或利用绳子进行测量，建立度量衡的概念，训练宝宝的度量能力。

妈妈宝宝一起玩

1. 带宝宝到一间比较空阔的房间，让宝宝猜一猜这间房间有多长，然后让宝宝用自己的脚做单位，从这边的墙壁走到那边的墙壁进行测量。

2. 测好房间的长之后，再请宝宝用自己的脚测一测房间有几“脚”宽。

3. 然后再给宝宝一根绳子，让宝宝也测测房间的长与宽，看看有什么不同。

4. 鼓励宝宝用自己的脚或绳子也来测测桌子的长或宽。

还能这样玩

量东西并不一定要用尺子，任何东西都可以作为一个度量衡的单位，例如，绳子、书本等。请宝宝想一想还能用什么工具测量物品，并请宝宝测测家中其他物体的长度，比一比哪些物品长、哪些物品短。

蒙氏箴言

让宝宝用自己的脚测量房间，切身感受房间的大小，让宝宝在富有趣味的游戏中建立度量衡的概念，从而训练宝宝的数学度量能力。在宝宝测量的过程中，还可以达到训练宝宝肢体协调能力的目的。给宝宝绳子做测量的工具，可拓展宝宝的思维，了解测量的工具有多种。

踩影子真好玩

关键词：大运动、协调性

户外的游戏

游戏准备：无。

游戏目的：锻炼宝宝的动作协调性和灵活的应变能力，促进宝宝大运动能力的发展。

妈妈宝宝一起玩

1. 找一个晴朗的天气。

2. 妈妈带宝宝到户外，妈妈指着地上的影子告诉宝宝："这是妈妈的影子，这是宝宝的影子。"

3. 妈妈先踩在宝宝的影子上，对宝宝说："呀！妈妈踩到宝宝的小腿了。""呀！妈妈踩到宝宝的小胳膊了。"

4. 妈妈提议让宝宝来踩妈妈的影子，妈妈可以缓慢走动地让宝宝来追。

5. 当宝宝熟悉后，妈妈和宝宝相互踩踩影子，踩到后可以大叫："我踩到你的胳膊了，踩到你的腿了！"

还能这样玩

1. 让宝宝观察妈妈和自己的影子，或者旁边其他事物的影子，说说影子的大小，有什么区别。

2. 让宝宝动一动，看看自己影子的变化，然后带宝宝到阴凉处，问问宝宝影子为什么不见了，引导宝宝思考并回答。

蒙氏箴言

在游戏前，妈妈要确保游戏场平坦、安全；游戏时，提醒宝宝不要跑得太快，以免摔倒。这个游戏可以培养宝宝的反应能力，锻炼身体的协调性与灵活性，促进宝宝视觉能力的发展。在宝宝追逐的过程中，还可以锻炼宝宝行走的稳定性。

巧克力的盒子

连连看，把巧克力装进相应的盒子里。

堆雪人

关键词：想象力、乐观情绪

户外的游戏

游戏准备：玩沙玩具，石头，胡萝卜，一些松树枝。

游戏目的：提高宝宝免疫力，与大自然亲密接触，可以开发宝宝的想象力，提高动手能力，培养乐观、积极的品格。

妈妈宝宝一起玩

1. 下雪的日子带宝宝到户外玩，让宝宝用平时的玩沙工具玩雪，想怎么玩就怎么玩。

2. 妈妈滚一个大雪球当雪人的身子，再滚一个小一点的雪球当雪人的脑袋。

3. 让宝宝用石头做雪人的眼睛，胡萝卜做雪人的鼻子，再找一些松树枝做雪人的头发。

4. 让宝宝自由想象，妈妈帮助宝宝宝宝来完成雪人。

温馨提示

冬季外出玩雪的时间不宜太长，以免宝宝着凉。

蒙氏箴言

大自然是最好的老师，宝宝在大自然中可以学到很多知识。在玩的过程中可以引导宝宝观察雪花的形状，了解雪花的由来，增长知识，收获乐趣。下雪的时候，一家三口在户外打雪仗，让宝宝在雪地里自由地奔跑，感受自然与亲情。

保龄小超人

关键词：触觉、平衡感　户外的游戏

游戏准备：3～5个干净的矿泉水瓶。

游戏目的：帮助宝宝用脚碰倒瓶子，加强宝宝的触觉刺激，锻炼宝宝的平衡力以及腿部肌肉。

妈妈宝宝一起玩

1. 妈妈先将矿泉水瓶排好，如排成一个三角形，注意间距不要太大。

2. 妈妈扶着宝宝，让宝宝面对瓶子站好。

3. 妈妈扶握住宝宝腋下，并将宝宝荡起离地悬空，轻轻晃动。

4. 当宝宝熟悉摇晃的感觉后，妈妈可以稍微用力，往摆放瓶子的方向荡起，协助宝宝踢倒瓶子。

5. 放下宝宝，指着倒在地上的瓶子对宝宝说："宝宝，真棒！"

还能这样玩

1. 准备一个小球，妈妈协助宝宝用球击倒矿泉水瓶，可以锻炼宝宝的手部力量。

2. 干净的矿泉水瓶可以变成五颜六色的"保龄球"，准备一些鲜艳的彩纸，还可以帮助宝宝认识颜色，发展视觉记忆。

蒙氏箴言

把宝宝抱离地面时，当心不要把宝宝的胳膊弄疼了。在踢瓶子时，不要太用力晃宝宝，避免扭到宝宝的身体，更不要摔到宝宝。宝宝踢"保龄球"，能给宝宝新奇的体验：踢与飞的感觉，同时，还能促进宝宝平衡能力的发展，有助于宝宝肢体运动智能的发展。

公平的赛跑

关键词：规则意识、大运动

户外的游戏

游戏准备：书本，乒乓球。

游戏目的：训练宝宝积极地、创造性地制定训练规则，让宝宝了解玩游戏最终目的是每个人都有赢的机会，每个人都能享受游戏的乐趣。

妈妈宝宝一起玩

1. 爸爸妈妈对宝宝说，要和宝宝一起比赛跑步。

2. 一开始，当然是爸爸妈妈会赢了。这时家长再启发宝宝可以制定规则，怎样给爸爸妈妈设置难关。

3. 爸爸妈妈可以用书本、乒乓球提示宝宝，譬如让爸爸顶书本、妈妈双膝夹住乒乓球等，再和宝宝赛跑。

4. 如果还是水平悬殊，还可以让宝宝给爸爸妈妈提出新的规则。

温馨提示

如果爸爸妈妈能全身心地投入游戏，就能为宝宝树立最好的行为榜样，也最能让宝宝获得成功的满足感。

蒙氏箴言

宝宝充满探险精神，他经常从台阶上往下跳，而且落地也更平稳；骑三轮脚踏车时已经能自如地转弯；手指也更加协调，可以轮换倒两个杯子里的水，而且水很少被泼洒出来。手指灵活的宝宝还能用剪刀剪出有形状的图形。大多数宝宝大小便前都知道叫人，有些宝宝已经能自己独立上厕所，但是还需要家长帮助擦屁股、冲厕所、提裤子。有时你把宝宝独自关在房间里，他能独自转动门把手，拉开门跑出来。

自我介绍

比较高矮

关键词：分类比较、理解能力

户外的游戏

游戏准备：无。

游戏目的：让宝宝学习如何目测高矮，以此来提高他的观察认知能力。

妈妈宝宝一起玩

1. 妈妈可以找相近的两株草、两棵树，让宝宝进行观察，看看它们之间有什么不同。从而理解高矮的定义。

2. 站在自家的屋子里，让宝宝观察生活中不同东西的高矮，从而会发现，如衣架很高、鞋架很矮；桌子很高，板凳很矮；冰箱很高，储物柜很矮等等。

3. 最后，妈妈可以和宝宝一起比高矮：①妈妈和宝宝站在地面上比高矮。②妈妈站地上，宝宝站在椅子上比高矮。③妈妈和宝宝都站在椅子上比高矮。从而让宝宝了解到，必须站在同一高度比较高矮。

蒙氏箴言

通过上述的游戏，能够让宝宝很好地了解到如何目测高矮，同时让他了解到高和矮是相对的。

妈妈读儿歌

《小猪兄弟比高矮》

小猪兄弟排队队，
谁高谁矮比一比，
老大要比老二高，
老二要比老三高，
谁高谁矮分得清，
小猪兄弟排排队，
最高最高是老大，
最矮最矮是老三，
不高不矮是老二！

排队

三人行

关键词：合作意识、大运动

户外的游戏

游戏准备：绳子，小球，篮子。

游戏目的：培养宝宝与人合作的意识，提高人际关系的能力。

妈妈宝宝一起玩

1. 在游戏进行前，妈妈爸爸可以进行示范，让宝宝清楚游戏的规则和过程。如妈妈和爸爸并排站在一起，一边协调地行走，一边将起点的小球放在终点处的篮子里。

2. 当宝宝看清楚后，游戏就可以进行了。妈妈或爸爸鼓励宝宝一起进行三人行走，通过一起行走，一起合作，一起交流，提高人际交往能力。

3. 当宝宝熟练了以后，妈妈可以鼓励宝宝与其他小朋友一起进行这个游戏，边行进边比赛，体验与人合作的快乐。

还能这样玩

两个宝宝手拉着手做“渔网”，其他宝宝当小鱼，一个跟着一个钻过“渔网”，当家长喊“停”的时候，做“渔网”的两只手放下扣住一条“小鱼”。

蒙氏箴言

这个游戏很简单，就是平常玩的两人三足，不过这个游戏极其考验人的协作能力。当然，决定协作能力好坏的因素就是人际关系，如果比赛的两个人不能很好地合作，那这个游戏就无法进行。所以，想要提高宝宝的人际关系能力，这个游戏非常合适。

抓空气

关键词：自然认知、观察力 户外的游戏

游戏准备：塑料袋。

游戏目的：让宝宝观察自然现象，感受自然的神奇。

妈妈宝宝一起玩

1. 妈妈拿一个张开口的塑料袋往宝宝身边一挥，将空气装进口袋，扎紧袋口。

2. 把袋口对着宝宝的小脸蛋挤出空气，问宝宝有什么感觉，并让宝宝看看空气有无颜色，闻一闻有无气味。

3. 妈妈告诉宝宝我们的周围充满了空气，空气无色无味，我们虽然看不见、摸不着它，但它对于我们的生存起着重要的作用。

还能这样玩

在宝宝洗澡的时候，让宝宝拿一个吸管对着水里吹气，水中会鼓出好多泡泡，或者是把装满空气的塑料袋放在水中，在塑料袋口扎一个小孔，让宝宝看水中冒出的泡泡，告诉宝宝，是空气跑出来了。

蒙氏箴言

将塑料袋里的空气挤到宝宝脸上，宝宝在觉得惊奇又有趣的同时，更多地了解到生活中的自然现象，对观察和思考生活中的问题产生兴趣，这对开发宝宝的左脑是很有好处的。同时，也初步培养宝宝学会观察生活以及在生活中学会思考。

大风和树叶

关键词：自然观察、求知欲

户外的游戏

游戏准备：无。

游戏目的：观察大自然中的花草树木，使宝宝热爱大自然。

妈妈宝宝一起玩

1. 妈妈和宝宝一起到户外，欣赏秋风吹、树叶飘落的现象，妈妈教宝宝说："风来了，树叶宝宝飞起来了！""风停了，树叶宝宝落下来了！"

2. 让宝宝捡一片树叶，和妈妈一起做游戏。妈妈说"大风来了，树叶宝宝飞起来了"时，宝宝将树叶高高举起，自由奔跑。妈妈说"风停了，树叶宝宝落下来了"时，宝宝拿着树叶慢慢停下。

温馨提示

妈妈应多找机会丰富宝宝的语言词汇，多带宝宝观察大自然中的花草树木，培养宝宝热爱大自然的情感。

还能这样玩

爸爸妈妈和宝宝围成圈，以宝宝的手能拉住爸爸妈妈的手的距离为宜。爸爸妈妈唱歌："如果感到幸福你就拍拍手（跺跺脚、拍拍肩），如果感到幸福你就拍拍手（跺跺脚、拍拍肩），"带领宝宝做拍手、跺脚、拍肩膀的动作。

蒙氏箴言

学会听指领做动作，有助于开发宝宝左脑的听觉记忆能力。这个游戏还能发展宝宝大动作和精细动作的协调性，进一步提高宝宝身体运动的灵活性，让宝宝在快乐的游戏中感知自己的幸福，表现自己的情绪，逐渐形成良好的性格。

传声筒

符号无处不在

关键词：事物认知、观察力

户外的游戏

游戏准备：各种形状的卡片，带有公共场所标志的图片。

游戏目的：让宝宝将所认识的符号和生活中的符号联系起来，增加宝宝对事物的认知能力。

妈妈宝宝一起玩

1. 妈妈可以让宝宝看各种形状的卡片，并问宝宝这些卡片的形状。

2. 当宝宝能够认识这些图形后，就可以给宝宝看一些日常生活中所看到的图形标志，告诉他这些标志是什么意思。

3. 妈妈带着宝宝去一些公共场所玩时，就可以给宝宝指那些公共标志，并让宝宝说出这些标志的名字，让宝宝再次巩固所获得的信息。

蒙氏箴言

在日常生活中，我们经常听说一些天才宝宝的事迹，天才的存在对人有着重要的影响。天才有着高度集中的注意力，有着精确的观察力，有着丰富的想象力，以及坚持不懈的意志力，这才使得他们的发现使社会的某些领域发生巨大的变革，为人类、为社会做出了贡献。

妈妈读儿歌

《红绿灯》

交叉路口红绿灯，指挥交通显神通。
绿灯亮了放心走，红灯亮了别抢行。
黄灯亮了要注意，人人遵守红绿灯。

认识交通符号

红绿灯

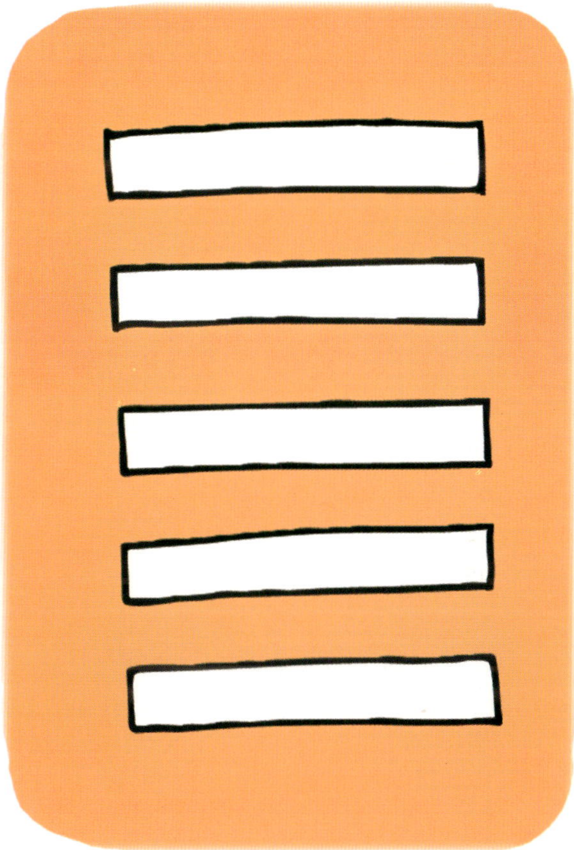

斑马线

附录

具有较高语言智能的宝宝，有以下表现
相比其他同龄孩子，较早会说话
善于模仿成人的声音和语言
喜欢猜谜、念儿歌、讲故事等语言活动
理解能力较强，善于把握别人说话的大意
对词语或事物很感兴趣，喜欢提问，例如，这是什么意思
喜欢阅读，即使不认识字，也能自己翻阅图画书
能完整地复述别人说的话或讲过的故事
能完整、清晰地表达自己的想法
对语言比较敏感，喜欢与人交谈

具有较高数学逻辑智能的宝宝，有以下表现
喜欢数字和玩数字游戏
喜欢玩有策略的游戏，如下棋
喜欢逻辑思考或作问题解答，思维很有条理
对新事物很有兴趣，常会提出很多问题
喜欢将事物分类或分等分
思考方式比同龄孩子更抽象化和概念化
擅长推理
喜欢有序地排列收集物
擅于发现他人言谈举止的逻辑性缺陷

具有较高空间智能的宝宝，有以下表现
喜欢看美丽的图片、图书
喜欢玩拼图、搭积木、走迷宫等益智动脑游戏
喜欢涂鸦，能尝试不同色彩的搭配，利用图画表达内心想法
喜欢泥塑、制作空间感较强的物品
有较强的色彩敏感度
很有方向感
阅读时，能从图画中获取更多信息
喜欢天马行空地想象
对艺术、美的事物有较高的感受力

具有较高肢体运动智能的宝宝，有以下表现
活泼好动，在很小的时候就很能动、爬和走
长时间坐在一个地方会敲打物体、扭动身体、精神烦躁不安
喜欢各种冒险活动：跳跃、攀登、爬高等，置身于挑战性的环境中
善于模仿他人的语言、动作，学习动作既快又准确
喜欢拆装物品，以及进行堆砌和建造
对陌生的物体，喜欢用手触摸
对球能够进行抚摸、滚动和玩耍
喜欢绘画或是手工制作
动作灵活，身体协调能力、平衡能力很强

具有较高音乐智能的宝宝，有以下表现
喜欢听音乐，对周围环境中的声音很敏感
身体对音乐的刺激反应增强，听到音乐时会像模像样地做一些动作，在听到自己喜欢的音乐时，会不由自主地跺脚或摇动身体表示高兴
对节奏、音色、旋律的变化比较敏感
喜欢自编自唱，尽管没什么逻辑
喜欢背固定节拍的儿歌，喜欢欣赏音乐
喜欢做随乐而舞的活动
能哼唱一些曲子
喜欢各式乐器玩具，对各类乐器有强烈的好奇心，能用某种乐器做即兴表演

具有较高人际智能的宝宝，有以下表现
不认生，看到陌生人不会害怕、惊慌、哭闹，反而充满好奇
不容易害羞，喜欢观察成人的一举一动，也喜欢和他人一起玩
爱笑，喜欢看到成人的面部表情发生变化，与人互动时会很开心
乐于帮助别人，愿意和同伴分享，并注重合作
自信心高，能很快理解他人的表情和肢体语言
能和很多个性不同的人在一起共同完成任务
出现矛盾时，能通过协商来解决矛盾
在与其他孩子游戏时，能够有序地安排彼此的互动模式，往往居于领导地位
适应能力强，能倾听他人的想法和建议，从不同的角度看待问题

具有较高自然观察智能的宝宝，有以下表现
喜欢亲近大自然，尤其喜欢听虫鸣或者风呼啸的声音
喜欢户外活动
对动植物有着浓厚的兴趣，并且关注自然事物的变化
从衣物颜色可联想到自然景色
可从生活中的家具联想到自然物
希望认识更多的自然景物，看到不认识的动植物，会好奇地询问
对自然界有敏锐的观察力，对天气转变、云朵的变化很敏感
对食材具有高度的感受力，例如，对食物的味道很敏感，能快速区分不同食材的差异

具有较高内省智能的宝宝，有以下表现
爱做白日梦
拥有和表达对事物或活动的强烈热爱
当有需要时会请求帮助
善于安排自己的事情，能很好地规划自己
做事情很具有条理性
具有较强的自律精神和自尊心
生活很有规律性，能够坚持写日记和有睡前自我反省的习惯
能恰当并且客观地评价自己
容易与人建立良好的关系，适应社会群体生活